LUIS

con **JAY FORDIC**

TRANSFORMADO
POR LA FE

Descubra los poderosos beneficios de la fe

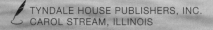

TYNDALE HOUSE PUBLISHERS, INC.
CAROL STREAM, ILLINOIS

Visite la apasionante página de Tyndale en Internet: www.tyndaleespanol.com.

TYNDALE y el logotipo de la pluma son marcas registradas de Tyndale House Publishers, Inc.

TYNDALE and Tyndale's quill logo are registered trademarks of Tyndale House Publishers, Inc.

Transformado por la fe: Descubra los poderosos beneficios de la fe

© 2011 por Luis Palau. Todos los derechos reservados.

Fotografía de la portada © por Valentin Casara/iStockphoto. Todos los derechos reservados.

Concepto de la portada por Katie Bredemeier

Diseño: Al Navata

Traducción al español: Mayra Urízar de Ramírez

Edición del español: Jaime y Abigail Mirón

Originalmente publicado en inglés en 2011 como *Changed by Faith* por Tyndale House Publishers, Inc., con ISBN 978-1-4143-3622-0.

Library of Congress Cataloging-in-Publication Data

Palau, Luis, date.
 [Changed by faith. Spanish]
 Transformado por la fe : descubra los poderosos beneficios de la fe / Luis Palau con Jay Fordice.
  p. cm.
 Includes bibliographical references (p.   ).
 ISBN 978-1-4143-3623-7 (sc)
 1. Christian life.   I. Fordice, Jay.   II. Title.
 BV4501.3.P33813 2011
 248—dc22   2011002356

Impreso en los Estados Unidos de América
Printed in the United States of America

17   16   15   14   13   12   11
 7   6   5   4   3   2   1

Para mis cuatro nueras, mujeres de Dios:

Michelle Morford Palau,
Gloria Holden Palau,
Wendy Levy Palau y
Megan Cochran Palau.

Contenido

Introducción

TENGO UNA AMIGA que está luchando con un cáncer que le ha vuelto por undécima vez. Desde que tenía diecinueve años de edad, ha sido una batalla continua. Cáncer en la cerviz, en el útero y en los ovarios, en la tiroides, en los módulos linfáticos, en el estómago y cáncer de mama dos veces. También dos veces melanomas cancerosos. Y ahora —cáncer al colon, fase tres. Cada vez, ella lo ha superado y ha salido vencedora. Pero no ha sido fácil. De hecho, hubo momentos en que ha sido una lucha atroz que la dejó agotada y débil.

Pero esta no es toda la historia.

A través de los treinta y cinco años de pruebas y aflicciones, mi amiga ha permanecido fuerte. A veces no puede ocultar las lágrimas porque los dolores son casi constantes. Pero hasta ahora permanece como un hermoso ejemplo de fuerza y poder. Y lo que muchos esperarían que la dejara desalentada y desilusionada ha sido lo que ha fortalecido su fe.

En realidad, todos enfrentamos aflicciones. No todos serán probados con tanta severidad como lo ha sido mi amiga, pero no hay duda de que la vida puede ser dura. Vendrán pruebas. Nuestras esperanzas se hacen añicos. Nuestros sueños tal vez no se realizan. Ya sea que los desafíos sean grandes o pequeños, todos enfrentamos nuestra buena parte de problemas y desilusiones en la vida. Y si no tenemos cuidado, harán que tengamos una crisis nerviosa.

Lo sé porque me pasó a mí.

◈   ◈   ◈

Para la época en que mi esposa, Patricia, y yo nos conocimos —en Portland, Oregón, en 1960—, ambos teníamos planes de ir al campo misionero y compartir las Buenas Noticias de Jesucristo alrededor del mundo. Después de haber terminado nuestros estudios bíblicos en 1961, de inmediato comenzamos con nuestros planes, sin perder tiempo. Nos casamos unos pocos meses después de nuestra graduación, y muy poco después de haber sido comisionados por la organización Sepal, nos mudamos a Detroit para un curso intensivo de siete meses llamado Missionary Internship (Internado para Misioneros).

Desde Detroit nos mandaron a Costa Rica. Desde Costa Rica fuimos a Colombia, y desde Colombia a México.

Desde nuestra nueva base en México, Patricia y yo, y un pequeño grupo de misioneros, comenzamos a prepararnos para realizar campañas evangelísticas en toda América Latina. Con la visión de proclamar las Buenas Noticias a regiones completas, nuestros sueños fueron grandes, y nos imaginamos grandes éxitos. Llevamos a cabo grandes festivales evangelísticos a través de Centro y Sudamérica, trabajando junto a cientos de iglesias y alcanzando a miles de personas. En algunos países encontramos las puertas abiertas, en otros, gran oposición. Fue una época difícil y nos sentíamos agotados. Pero había un propósito en lo que hacíamos. Y nos sentimos realizados . . . hasta el verano de 1969.

Por más de seis meses, nuestro pequeño equipo había estado planeando una gran campaña en una ciudad clave de América Latina. Habíamos alquilado un estadio de béisbol, conseguido el apoyo de miles de voluntarios y pagado por mucha publicidad. Nuestra meta era llevar a cabo una campaña de dos semanas para compartir el mensaje de Jesús con tantas personas como nos fuera posible, de la forma más pública posible. Yo había pasado muchas noches sin dormir preparándome para el evento, el cual era el más grande que había planeado hasta entonces en mi carrera. Había invertido sangre, sudor y lágrimas en el proyecto. Y ahora, a sólo unos días de su comienzo, con todos nuestros anuncios cubriendo paredes por toda la ciudad, se podía sentir el entusiasmo en nuestro equipo y en las iglesias participantes. Estábamos seguros de que Dios estaba listo para hacer algo grande y usarnos a nosotros de forma poderosa.

Todo el equipo estaba involucrado en la campaña. Habíamos soñado con algo así durante años y habíamos estado trabajando horas extras para que todo marchara bien. Ver que finalmente esto se iba a realizar era más que podíamos imaginar.

Sin embargo, debajo de la superficie, no todo estaba bien. La verdad es que financieramente nos habíamos arriesgado mucho preparándonos para el evento. Yo lo llamé fe, pero en realidad no era fe. En lugar de tener la paz que acompaña a la verdadera fe en Dios, yo me sentía ansioso e impaciente. En mi apuro por avanzar con mi visión para el evento, en forma imprudente yo les había pedido dinero prestado a mis amigos y a algunas iglesias, creyendo totalmente que el dinero que se recibiría a través de las ofrendas durante las dos semanas cubriría todos los gastos. Pero nunca se me ocurrió que tal vez el evento no sucedería.

Ni me cruzó por la mente que el gobierno revocaría nuestro permiso dos días antes del comienzo.

Recibí una llamada telefónica de uno de los miembros de mi equipo.

—Luis —me dijo—. Nos cerraron la puerta. Cancelaron la campaña.

—¿De qué estás hablando? —le pregunté—. ¿Qué quieres decir con cancelaron la campaña?

—Las autoridades, el gobierno, nos cancelaron el permiso. Todo ha terminado. Dijeron: "No pueden realizar la campaña. Es contra nuestras leyes . . . y ustedes son extranjeros. Y si siguen adelante, irán a la cárcel."

Y eso fue todo. Nos revocaron el permiso y nuestra campaña terminó antes de comenzar. Sin ninguna vía de apelación, nuestros seis meses de planes se esfumaron.

De inmediato me sentí enfermo. Después de horas en el teléfono con líderes de esa ciudad —cualquiera a quien me pude quejar o pedirle respuestas— finalmente, desesperado, me di por vencido. Todo ese trabajo, todos los preparativos; todo por nada.

Ese golpe casi me mató . . . literalmente. Estuve en cama con fiebre, pero en realidad no estaba enfermo. Durante tres semanas, estuve acostado en mi cuarto, sin deseos de levantarme, sin motivación para comenzar de nuevo. Estaba derrotado, extenuado y simplemente agotado. En mi afán por ofrecerles esperanza a otras personas, yo había perdido la esperanza. Ahora teníamos cuentas que pagar sin entrada alguna. Teníamos que escribir cartas pidiendo disculpas. Teníamos que responderles a nuestra misión y a nuestros amigos. Las preguntas no tendrían fin.

No podía parar los pensamientos que me daban vueltas en la mente.

¿Por qué habían cambiado de idea? ¿Por qué esto? ¿Por qué ahora? ¿Por qué a mí? ¿Por qué en este lugar?

Tenía la mente invadida de pensamientos. Finalmente encontré las fuerzas para orar.

"Señor, creo. En realidad creo. ¿De qué me sirve? ¿Qué es lo que estás haciendo? ¿Y por qué pareces estar tan lejos?"

Mi fe había sufrido un sacudón, y mis convicciones estaban bajo ataque. ¿Creía en realidad lo que dije que creía? ¿Valía la pena todo esto, aun en el dolor? Había hecho lo correcto. Había confiado en el Señor —*¡realmente había confiado!* Entonces, ¿por qué mi vida no estaba marchando de la forma en que yo esperaba?

Durante este tiempo, Patricia fue extraordinaria. Me cuidó,

pero también me presentó desafíos. Recuerdo que me dijo: "Luis, ¿qué estás haciendo en la cama? Levántate. ¡Sigue adelante! Esto no es tu fin."

Durante esas tres semanas Dios estaba obrando en forma poderosa en mi vida. Él me sacó de mi ensimismamiento, realineó mis prioridades y me recordó las verdades básicas, fundamentales, de mi fe. Fue doloroso, pero muy poderoso.

Mientras Dios obraba en mí, hubo una sola cosa que pude realizar. Leí como loco —principalmente la Biblia. "Si este libro es verdad . . . si realmente es lo que dice ser," me dije a mí mismo, "debe tener respuestas." Y yo estaba decidido a encontrarlas. Estaba resuelto a devorar sus páginas hasta encontrarlas.

Centré la atención en el Evangelio de Juan. Lo leí en todas las traducciones y en todos los idiomas que entiendo. Mientras leía intensamente las páginas, sufrí una profunda transformación. Encontré que mis prioridades estaban siendo realineadas, mi perspectiva cambiaba y mi comprensión de Dios —mi Señor— estaba siendo amoldada en algo mucho más poderoso . . . mucho más profundo.

Esas tres semanas de búsqueda me cambiaron completamente. Y aunque fue doloroso, probó ser el comienzo de grandes cosas —no el fin de mi ministerio, como había temido. Pero fue sólo después de haber hecho mi propia introspección y mi propia búsqueda de Dios, sólo después de haber arreglado mis cuentas con el verdadero Salvador —no el que yo había creado en mi propia mente—, que pude bregar con las realidades de la vida y proseguir a cosas más grandes.

Con el tiempo, realizamos una campaña evangelística en aquella ciudad. Fue muy diferente de lo que jamás habíamos soñado, y fue hecha según el tiempo de Dios. Él la usó de formas poderosas —en nuestras propias vidas y en las vidas de las personas que alcanzamos. Él nos llevó a otro local para el evento y trajo a amigos y compañeros de ministerio a nuestro lado para suplir lo que nos faltaba financieramente y compensar nuestro déficit monetario. Todas nuestras cuentas fueron pagadas y las deudas, perdonados. Y al igual que él ha hecho con tantas otras personas a través de la historia, Jesús se presentó en el tiempo correcto y trató con mi incredulidad.

Desde aquel verano clave hace más de cuarenta años, mi vida y mi ministerio han sido radicalmente diferentes. Dios ha hecho cosas poderosas por medio de mí y de toda mi familia —no debido a nosotros (de hecho, de muchas maneras a pesar de nosotros), sino porque él nos ama y quiere trabajar a través de nosotros.

Reflexionando hace poco sobre la forma en que Patricia y yo hemos sido usados en el ministerio durante los años, me maravillé y me sentí humilde. Dios nos ha llevado a más de setenta naciones y nos ha permitido presentar con claridad a Jesús a más de mil millones de personas mediante la televisión, la radio, la página impresa y eventos en vivo. Él me ha permitido hablarles cara a cara a más de 28 millones de personas, le ha permitido a nuestro equipo trabajar en asociación con decenas de miles de iglesias; también me ha permitido hablar directamente con presidentes, reyes y otros líderes por todo el mundo. Y lo mejor de todo, Dios me ha permitido guiar a decenas de miles de personas a un compromiso personal con Jesucristo.

Mirando hacia atrás, me doy cuenta de que el verano de 1969 fue un momento decisivo en mi vida. Yo no estaría donde estoy hoy si no hubiera pasado por ese tiempo de prueba. Las preguntas que formulé fueron preguntas saludables. El dolor fue necesario. Me quitó la fachada que presentaba y estableció quién era yo en realidad y a Quién estaba realmente sirviendo. Finalmente, fortaleció mi fe y me mostró el poder verdadero del Evangelio.

Estoy seguro de que usted ha lidiado con algo similar. El ascenso en el empleo por el cual trabajó tan duro y que nunca recibió. El negocio en el cual invirtió todos los ahorros de su vida sólo para perder hasta el último peso. El novio o la novia, el esposo o la esposa, por el cual usted lo arriesgó todo, sólo para terminar sin nada y destrozado. Los hijos que crió con tanto trabajo, de los cuales sólo recibió desilusiones y dolor. La familia que amó, y de la que sólo recibió rechazo. La casa que hipotecó —y que perdió porque no la pudo pagar.

Por supuesto, usted sigue adelante en la fe. Todavía sigue creyendo. Pero hay preguntas, preguntas profundas, y el dolor persiste. Y la vida transformada que le prometieron los predicadores como yo parece estar tan lejos como cuando usted comenzó su vida espiritual.

Todos lo hemos sentido —el rechazo, la confusión, la devastación, la falta de respuestas. Es como un rito de paso.

Pero ¿hay una esperanza real, que cambia la vida, en medio de todo esto? Yo creo que sí. Quiero decirle que sus mejores días podrían estar en el futuro —si usted confía en Dios.

Pero ¿cómo llega a ese lugar?

¿Cómo puede sobreponerse a su situación actual?

¿Cómo se permite a sí mismo ser transformado por la fe?

Esas son preguntas profundas y preguntas difíciles. Y esas son precisamente las preguntas que quiero ayudarlo a responder por sí mismo.

1

ESPERE MÁS

EL CONVERTIBLE QUEDÓ con las ruedas para arriba, completamente destrozado en la autopista mojada por la lluvia en las afueras de Londres. Pedazos de neumáticos, escombros y marcas en el pavimento se veían detrás del automóvil por unos quince metros. Salía vapor del destrozado motor. El retorcido metal y los vidrios rotos crujían mientras el vehículo se balanceaba sobre el capó.

Grant, el conductor de diecinueve años de edad, había sido lanzado fuera del automóvil, y con el impacto voló sobre la barrera de la autopista. Yacía inmóvil e inconsciente sobre los arbustos del costado de la carretera. Aunque estaba magullado y golpeado, sus heridas no eran mortales. Brandy

—su novia y la pasajera— no tenía la misma suerte. Como tenía puesto el cinturón de seguridad, había dado vueltas y se había golpeado mientras el vehiculo daba volteretas por la autopista. Ella murió antes de que el automóvil se detuviera. Eso sucedió tres días antes de que cumpliera dieciséis años.

Yo recibí la noticia unas pocas horas después del accidente cuando me despertó la llamada telefónica de madrugada. Me restregué los ojos y tomé el auricular. Era mi buen amigo Bill, el padre de Grant, y me di cuenta de que estaba muy perturbado.

—Luis, es terrible —comenzó.

—Bill, ¿qué pasa? ¿Qué ha sucedido?

—Grant y Brandy tuvieron un accidente. Recuerdas a Brandy, ¿cierto?

—Por supuesto que recuerdo a Brandy. ¿Cómo está? ¿Cómo están ellos? Dime, ¿qué ha sucedido?

Bill vaciló. Me di cuenta de que estaba luchando para no llorar.

—Es algo muy malo, Luis. Grant está en el hospital. Pero Brandy . . . Brandy murió.

—¿Qué sucedió?

—Luis, fue una estupidez. Los dos habían salido a dar una vuelta e iban camino a una tienda. Grant estaba conduciendo demasiado rápido en las montañas y comenzó a llover, la carretera se puso resbalosa y perdió el control del vehículo. Sucedió en menos de un segundo.

—Bill, lo siento mucho. ¿Qué puedo hacer?

—Ven, ven a Inglaterra. Te necesitamos aquí. La familia de Brandy te necesita. Su mamá preguntó por ti específicamente.

Yo no dije nada; todavía estaba tratando de asimilar las noticias.

—Ven y oficia el funeral, por favor —insistió—. Tú has tenido un papel muy significativo en la vida de Brandy. Y sé que es lo que ella hubiera querido.

—Por supuesto que iré, Bill.

Estaba a bordo de un avión hacia Heathrow, el aeropuerto de Londres, antes del fin de semana.

◈　◈　◈

Mientras estaba en el avión, con el ruido de fondo de los motores, pensé en cuando conocí a la joven Brandy. Sucedió tres años antes, en una reunión de jóvenes en la que yo hablaría. Ella había llegado con su nuevo amigo, Grant, y tenía una sonrisa de oreja a oreja. Yo no sabía que su sonrisa ocultaba un mundo de dolor.

Aparentemente, a Brandy el mundo le sonreía. Era muy inteligente y bonita, y venía de una familia adinerada. Su padre era músico, y su madre trabajaba en la televisión. Y ahora ella tenía un apuesto novio que también venía de una buena familia. Su futuro se veía muy prometedor. Más tarde llegué a saber que su vida no era ni siquiera cerca de lo perfecta que ella aparentaba.

Mientras compartí mi mensaje aquel día, presentándoles a los jóvenes el desafío de que entregaran sus vidas a Jesucristo y permitieran que él convirtiera su polvo en algo hermoso, tuve la sensación de que le estaba hablando directamente a Brandy. Por cierto que al final de mi mensaje, cuando hice la invitación, ella estuvo entre los primeros que se pusieron de pie y se dirigieron hacia la plataforma —no caminando sino corriendo, con Grant siguiéndola detrás.

Me bajé de la plataforma y encontré a Brandy en la multitud. Me di cuenta de que quería hablar, y yo quería ofrecerle aliento y guía. Mientras nos sentábamos los dos junto a Grant, le formulé preguntas acerca de su vida, porque sabía que el mensaje le había llegado al corazón. Ahora, tres años más tarde, aún tenía fresca en la memoria su historia.

—Brandy, ¿qué es lo que tienes en el corazón? —le pregunté.

—Necesito ayuda.

—¿Qué quieres decir?

—Mi vida . . . no es lo que jamás hubiera pensado que sería.

—Dime qué te pasa.

—Me siento muy sola. No me siento amada. Mis padres no se llevan bien, y están demasiado ocupados para mí. Ni siquiera vivo con ellos. No le importo a nadie.

Pude sentir el dolor debajo de la superficie.

—¿Por qué no vives con tus padres?

—Se divorciaron hace varios años y viven en zonas diferentes. Para ellos soy sólo una distracción. Me enviaron a vivir con mis tíos, así que sólo los veo de vez en cuando. Me siento insegura, y eso es sólo el principio. ¿Por qué es tan difícil la vida?

—Brandy, lo siento —le dije—. A veces así es la vida. Pero estás equivocada en cuanto a no importarle a nadie. *Hay* alguien a quien le importas. *Hay* una razón para tener esperanza. Tú has sido creada para más que esto.

Me di cuenta de que ella todavía estaba procesando mi mensaje, pero estaba comenzando a hacerle sentido.

—¿Vas a la iglesia, Brandy?

—No. Mis padres nunca han sido religiosos, y mis tíos son ateos.

—¿Has leído la Biblia alguna vez?

—No. Nunca.

—Entonces, ¿en qué crees?

—En realidad no sé. Pero su mensaje . . . me hizo sentido.

—Brandy, hay alguien a quien le importas mucho. Hay alguien que quiere verte tener éxito. Él quiere darte un propósito, gozo y una vida realmente significativa. Se llama Jesús.

—No estoy segura —dijo.

—Lo sé; el mundo está lleno de dificultades, y tu vida no es perfecta. Tienes luchas y sientes dolor. Pero Jesús vino para vencer los problemas y el dolor del mundo. ¡Él vino para darte vida!

Durante los siguientes minutos, Brandy continuó expresando su dolor y sus luchas mientras Grant y yo tratábamos de consolarla. Estaba tan sola, tan quebrantada, tan desalentada. Quería una esperanza y necesitaba un nuevo comienzo. Anhelaba algo o alguien en quien pudiera confiar. Sus padres la habían defraudado. Sus tíos, aunque le habían abierto las puertas de su hogar, no siempre la apoyaban emocionalmente.

Tenía muchas inseguridades, muchos recuerdos dolorosos y muchas preguntas sin respuesta. Y era todavía muy joven. Finalmente, supe que era el momento de hacerle pensar. Mirándola directamente a los ojos, le dije:

—Brandy, ¿quieres que tu vida cambie? ¿Quieres ver éxito donde ahora hay fracaso? ¿Quieres un propósito verdadero y transformador en tu vida?

—Lo quiero más que nada en el mundo —dijo ella a punto de llorar.

—Entonces, dime, Brandy, ¿por qué pasaste adelante?

—Porque quiero conocer a Jesús.

Mientras continuamos hablando, yo estaba asombrado de su humildad, hambre y anhelo de aprender. Se podía ver que el mensaje la había conmovido. Y mientras le explicaba con más detalles lo que significaba seguir a Jesús como su Salvador, ella lo entendió perfectamente. Aquel día, Brandy le entregó su vida a Jesús y se convirtió en una nueva creación.

En los siguientes tres años, la vida de Brandy experimentó una transformación radical. Aun como una adolescente, vio a Dios obrar cosas poderosas. Ella se convirtió en una jovencita encantadora que alentaba a sus amigos, y su vida rebosaba de propósito, esperanza y gozo. No dejaba de hablar de Jesús, y tampoco dejaba de sonreír.

Aun sus padres vieron algo cautivador en Brandy. A medida que pasaba más tiempo con su madre y su padre, y las amistades de ellos de la alta sociedad, Brandy alentaba y bendecía a todos. La gente se sentía atraída hacia Brandy, y ella con rapidez les decía que la verdadera atracción era Jesús. Aun sus tíos

—ambos ateos acérrimos— finalmente entregaron sus vidas a Jesucristo. Ambos me dijeron a mí personalmente que fue resultado directo de la vida y el testimonio de Brandy. La vida de Brandy había sido poderosamente transformada. No hay duda alguna de eso.

❂   ❂   ❂

En el servicio fúnebre, la iglesia estaba repleta de músicos y estrellas de cine, alumnos de la secundaria, familiares, amigos y conocidos. Mientras yo estaba de pie al lado del ataúd y compartí sobre la vida de Brandy, estaba asombrado de cómo en tres cortos años esta dulce jovencita había tocado la vida de literalmente cientos de personas. Su vida había ido de dolorosa a poderosa. Ella y todos los que estaban a su alrededor habían visto que el polvo de su vida se había convertido en una corona. Su vida y su historia habían sido redimidas.

Esta jovencita logró más en esos tres años que mucha gente logra en toda una vida. Y su corta historia es un desafío para cada uno de nosotros. Brandy era un bebé en cuanto a su caminar espiritual pero fue fiel y Dios la usó de formas maravillosas.

Una corona en vez de polvo; el dolor convertido en poder; el rechazo, en gozo. Eso es algo que todos queremos. Y está a nuestro alcance.

Entonces, ¿por qué no vemos más de esta clase de vida?

¿Por qué no vemos más transformaciones radicales en la vida de las personas? ¿En nuestra propia vida?

¿Por qué no experimentamos una aventura más emocionante de fe y confianza, similar a la de Brandy? A decir verdad, muchos de nosotros nos hemos convertido en creyentes cómodos. Vamos a la iglesia; creemos que lo que dice la Biblia es verdad; asistimos a la escuela dominical; tenemos las respuestas correctas y podemos citar los versículos bíblicos apropiados; pero de muchas formas nos hemos vuelto apáticos, somos creyentes que simplemente se sientan en las bancas de la iglesia. Otros han perdido por completo la confianza en la iglesia. Su fuego ha muerto y sólo les quedan brasas, y se han resignado a la conclusión de que la transformación profunda —que la Biblia promete— es algo que no se realizará completamente hasta que lleguen al cielo. Aunque entre tanto tal vez experimenten algunas pequeñas manifestaciones del poder de Dios, mayormente la vida es demasiado cruel y sus circunstancias son demasiado difíciles para ver que Dios está obrando activamente aquí y ahora.

❖　❖　❖

Tal vez su problema sea una crisis de fe. Quizás sienta que sus circunstancias están tan fuera de control que sólo un absoluto milagro podría hacer alguna diferencia.

Bueno, es difícil imaginarse circunstancias más fuera de control que las situaciones que enfrentaron muchas personas a través de la Biblia. Leemos historias de mujeres enfermas, mendigos ciegos, padres que se sienten llenos de culpa, y aun asesinos y prostitutas. Se nos recuerda el poder de Dios cuando él toma a estas personas y transforma sus vidas en algo hermoso. La Biblia está llena de historias mucho peores que la nuestra . . . gente que clamó el nombre del Señor y encontró sanidad, esperanza, aliento y una vida nueva.

Una historia que siempre me conmueve por su poder se encuentra en tres lugares en la Biblia (Mateo 17:14-20; Marcos 9:14-29; y Lucas 9:1-6, 37-43). Es la historia de un muchacho endemoniado y de un padre que luchaba con su fe.

Si conoce la historia, sabe que el joven había sido poseído por un espíritu malo desde niño. El padre había llevado al joven a algunos de los discípulos de Jesús para ver si podían expulsar el demonio, pero ellos no lo pudieron hacer —aun cuando Jesús específicamente les había dado el poder y la autoridad para sanar.

Cuando Jesús finalmente llegó al lugar, el padre, a quien ahora ya no le quedaban otros recursos, le rogó a Jesús que sanara a su hijo. Y le dijo: "Maestro, traje a mi hijo para que lo sanaras. . . . Ten misericordia de nosotros y ayúdanos *si puedes*."[1]

"¿Cómo que si puedo?," preguntó Jesús. "Todo es posible si uno cree."[2]

Tan pronto como el padre se dio cuenta de su error, cayó al lado de su hijo a los pies de Jesús. Con lágrimas en los ojos y dolor en la voz, rogó humildemente: "Sí, creo, pero *ayúdame a superar mi incredulidad!*".[3]

Después de eso, Jesús se volvió al muchacho, se arrodilló y oró. Con autoridad y poder reprendió al espíritu malo. Y en segundos, el muchacho fue sanado. La paz volvió al cuerpo del joven y la esperanza volvió a la escena.

◈   ◈   ◈

Si usted es parecido a mí, cuando lee una historia como esa, se siente alentado. Se emociona al ver que Jesús se presenta para arreglar la situación y traer paz y sanidad al lugar. Después de todo, es lo que todos queremos. Es lo que soñamos en lo profundo de nuestro ser. Damos un suspiro de alivio cuando vemos que a Dios en verdad le importan nuestras circunstancias y que verdaderamente puede sanar, aun en medio de nuestra débil fe. Y se pregunta si él hará lo mismo . . . algún día . . . en alguna forma por usted.

Pero ahora vayamos a las preguntas difíciles: ¿Con cuánta frecuencia ha visto usted una situación que se desarrolló de esa forma en su propia vida? ¿Con cuánta frecuencia ha visto que Jesús se presentaba y hacía algo tan dramático? ¿Dónde estaba él cuando su amigo murió? ¿Por qué parecía estar distante cuando perdió su trabajo? ¿Por qué no detuvo el cáncer? ¿Dónde estaba su gracia cuando su cónyuge decidió irse? ¿Por qué permitió que perdiera su bebé?

No se trata de que usted no tenga fe. Al igual que Brandy, tiene fe de que Jesús vive. Al igual que el padre del muchacho, usted cree, por lo menos en parte, que Jesús puede tener un impacto en su vida. Sabe que él se está manifestando en el mundo. Cree en los milagros —pero en realidad usted nunca ha visto uno. Se pregunta por qué a veces Dios guarda silencio, y por qué usted no puede hacer uso de su poder para que obre en su propia familia, comunidad o circunstancias. Tal vez, se dice a sí mismo, Jesús no se ha manifestado todavía.

Quizá su atención esté centrada en otro lugar —en Haití o la India o en algún lugar del África. Pero en *su* vida . . . con sus circunstancias . . . usted no la ve. Después de todo, ¿Jesús realmente está interesado en usted? ¿Tiene él poder y quiere tomar su polvo —su dolor— y convertirlo en algo hermoso?

Aun así, usted quisiera creer que el mismo propósito y poder que experimentó Brandy está a su disposición. De hecho, usted cree que es *posible*, pero lo quiere experimentar en su vida —ahora mismo. Al igual que el padre en la historia, cuando fue confrontado con situaciones difíciles, no puede sino decir las palabras: *"¡Sí, creo, pero ayúdame a superar mi incredulidad!"*.

❖   ❖   ❖

Por otro lado, tal vez usted ha llegado a ser una persona cínica. Cree que Dios existe y por lo menos tiene una comprensión vaga de quién es Jesús. Pero no acepta todo el bombo que se ha dado a los milagros de los tiempos modernos y a la transformación de la vida. Y francamente, no ve mucha diferencia entre algunos creyentes que conoce y otras personas. Por cierto que la fe en Jesús puede ser fantástica para otras personas, pero ¿qué tiene que ver esto con usted? ¿Por qué le debería realmente importar? ¿Y por qué debería someterse a esa clase de estilo de vida religioso? Tiene tantas limitaciones, tantas restricciones. Además, ¿es realmente real?

Dondequiera que se encuentre en el ámbito de la fe, estoy seguro de que alguna vez le ha cruzado por la mente el siguiente pensamiento: *¿Qué sentido tiene?*. Se pregunta si la fe en Dios —o la confianza en Jesús y en su Palabra— en realidad puede marcar una diferencia en su vida diaria.

Todos tenemos épocas en que nos hacemos preguntas —nos preguntamos cuál es el propósito de todo. Hemos pasado por muchas pruebas. Hemos sentido el dolor, hemos luchado con la desesperación y nos hemos quedado preguntando por qué. Nos cansamos del ajetreo de la vida y también de nuestra aburrida vida. Desesperados, clamamos a Dios. Le pedimos a Jesús que se manifieste y traiga paz y liberación a la situación —que transforme nuestras vidas en algo verdaderamente significativo y poderoso. Y sin embargo, él parece guardar silencio. Nos quedamos preguntando: *Jesús, ¿dónde estás? Jesús, ¿qué es lo que se me escapa?*.

La apatía nos envuelve. La desesperación se apodera de nosotros.

Al igual que la mayoría, usted se cierra al resto del mundo —pero aún preserva la ilusión de estar conectado— y continúa viviendo lo mejor que puede.

¡Pero fue creado para mucho más que eso!

◈　◈　◈

Vivimos en un mundo arruinado. No se lo tengo que decir. En una u otra oportunidad, todos hemos experimentado que nuestra vida se desmorona. Hemos sentido el peso en los hombros y nos hemos deshecho bajo la presión. Algunas personas se han entregado al alcohol, las drogas, a comer en exceso, a las relaciones sexuales inapropiadas o algunas otras cosas para pasar por esa situación. Otras juegan con la idea del suicidio, sacarse la lotería o encontrar a la persona de sus sueños. Parece que todos nos volvemos a alguna cosa para encontrar alivio; buscamos llenar nuestra vida con algo. Sin embargo, al día siguiente, el dolor todavía está allí, las heridas todavía no se han sanado.

Enfrentémoslo. Con demasiada frecuencia, nuestra vida no es lo que esperábamos que fuera. Lo que hemos logrado no es suficiente. No estamos conformes con lo que tenemos. La vacación no nos ha gustado, no ha sido lo suficientemente larga o no hemos podido descansar bastante. El dinero nunca nos alcanza. Las relaciones nunca nos satisfacen. Lo que anhelamos nunca se da. Nuestros planes nunca salen como esperábamos. Sin tener en cuenta lo que creemos, parece que todos luchamos con una realidad que no es la que habíamos planeado.

Si se encuentra en este lugar hoy, ¡anímese! Sin importar lo que sea con lo que lucha, hay esperanza. ¡Lo sé! Yo lo he experimentado y quiero compartirlo con usted. A medida que lee este libro y considera la forma en que todo esto hace sentido, quiero que piense muy a fondo quién es usted en realidad, de qué se trata la vida, lo que realmente cree y el papel que Dios —nuestro Creador— desempeña en su historia, si es que desempeña papel alguno. No estoy hablando de una clase de fe "de domingo." Estoy hablando de una fe verdadero y que transforma vidas. Estoy hablando de una fe que vale la pena vivir, una fe que no lo va a desilusionar. Después de todo, ¿no es eso lo que todos queremos?

No estoy escribiendo para probar que tengo razón. Estoy escribiendo lo que tengo en el corazón, y es por eso que a través de estas páginas encontrará algunas cosas de mi propia historia. Escribo de mi experiencia personal, por el gran amor que siento por la gente y por Dios, e impulsado por el deseo de ver personas liberadas para vivir la vida que había sido diseñada para ellas.

Jesús todavía vive, sigue manifestándose y redime nuestra vida. Y sí, al igual que hizo por Brandy y por el muchacho poseído de un demonio, Jesús todavía está levantando a las personas del basureo de la vida.

Es hora de que deje de contener la respiración y esperar lo peor. Es hora de dejar de sólo soñar sobre una vida mejor. No importa si puede o no ver adonde lo lleva el camino desde el lugar en que se encuentra. Es hora de que ponga la fe en Aquél que ve el fin desde el principio, Aquél que tiene el poder para expulsar demonios, sanar nuestras enfermedades y ayudarnos a caminar en terreno firme.

Es hora de decirle al Señor: "¡Sí, creo, pero ayúdame a superar mi incredulidad!".

2

"CONÓCETE A TI MISMO"

Durante algún tiempo en el siglo segundo, en las altas montañas del sur de Grecia, Pausanias, el famoso viajero y geógrafo griego, se encontró de pie frente al templo de Apolo, sintiéndose muy pequeño y maravillado. De todos los viajes que había realizado en la tierra, esa estructura lo dejó casi sin palabras. Elevado como un impresionante centinela en ladera del monte Parnaso, rodeado por la belleza de la ciudad de Delfos, ese era el templo del que se había escrito desde la antigüedad, sobre el que se soñaba en la literatura y que había sido inmortalizado por la mitología griega. Su tamaño supera al del Partenón, y la precisión de su construcción todavía desconcierta a los arquitectos de hoy en día.

Mientras Pausanias observaba esta magnífica vista, encontró una gran roca en la cual se sentó, tomó sus notas y comenzó a documentar lo que veía en la estructura: cada detalle arquitectónico, cada matiz. Sus descripciones y observaciones serían estudiadas en los siglos siguientes.

El geógrafo se preocupó por describir cada detalle. Y a medida que su mirada se elevaba, una inscripción, claramente visible desde el lugar en que estaba sentado, capturó su interés.

En la parte alta, grabada en el mármol, él leyó la ahora famosa cita que se atribuye a varios filósofos griegos: *Gnothi Sauton*.

Conócete a ti mismo.

Han pasado más de dieciocho siglos desde los viajes de Pausanias, y muchos de nosotros todavía no hemos experimentado lo que pide esa inscripción. Muchos han luchado y fracasado en busca de *conocerse* a sí mismos.

En algún momento, todos nos formulamos las mismas preguntas, de una u otra forma:

¿Quién soy?

¿De dónde vine? ¿Quién me creó?

¿Por qué estoy aquí? ¿Cuál es mi propósito en la vida?

¿A dónde iré cuando muera?

¿Qué es lo significa vivir una vida excelente?

¿En realidad importa todo esto?

¿Estoy viviendo según lo que creo, o soy sólo un hipócrita que todavía no ha sido descubierto?

Los psiquiatras y los psicólogos han pasado años tratando de descubrir la esencia de los seres humanos. En verdad, han avanzado mucho, y debemos darles crédito. Al describir la parte emocional de los hombres y las mujeres, han hecho descubrimientos que desafían la tradición. De formas sorprendentes, en realidad han llegado a verdaderamente entender la estructura del cerebro humano.

Pero ¿son las emociones todo lo que hay?

Si yo le preguntara hoy: "¿Quién es usted?", ¿cómo me respondería? Piense en esto. ¿Cómo se describiría a sí mismo?

Creo que comenzaría diciéndome su nombre. Si yo fuera a indagar un poco más, tal vez usted me hablaría de su familia. Usted es madre de cuatro hijos, o es un padre que trabaja demasiado, o hijo único. Tal vez me diría algo acerca de sus creencias o su estilo de vida. Que es católico o evangélico; ateo o agnóstico; que cree en la teoría de la evolución, o que cree en la creación. Que es defensor del medio ambiente, o que defiende activamente los derechos de los animales; que es extrovertido o introvertido. O tal vez iría al campo de la política y me diría a qué partido político pertenece, que es conservador o liberal o que promueve el progreso para lograr mejores condiciones. O tal vez me hablaría de su ascendencia —que es latinoamericano, norteamericano, africano o noruego. (A mi abuelo le encantaba decirle a la gente que era escocés presbiteriano, pero yo creo que prefería el "escocés" al presbiteriano.)

Si le pregunto quién es usted, me podría responder de diferentes formas. Pero ¿lo describiría eso completamente?

¿Sabe en realidad quién es usted? ¿Entiende sus pensamientos, creencias y emociones? Piénselo bien.

En lo profundo de mi ser, a veces me formulo estas preguntas sobre mí mismo. ¿Me conozco completamente? ¡De ninguna manera! Mi esposa ve ciertos matices en mí que yo nunca veo. ¿Qué es lo que hay en una persona? ¿Somos monos inteligentes? ¿De dónde *realmente* vinimos? ¿A dónde vamos? ¿Y cómo nos afecta eso en nuestras vidas diarias?

Cuando se trata de definir quién es usted, tal vez crea varias cosas. Pero la pregunta más importante es: ¿Qué es lo que dice Dios, su Creador, acerca de usted?.

Millones de personas pasan por la vida tratando de sobrevivir, encontrar gozo y experimentar paz, sólo para quedar cansadas, desalentadas y desilusionadas. No es de extrañar. Sin un fundamento de *la verdad*, la vida lo agotará completamente y usted se sentirá débil y agobiado. Esto es verdad para los creyentes y para los inconversos por igual.

¿Sabía que cuatro de cada cinco norteamericanos se consideran creyentes en Cristo?[4] Un porcentaje aún más grande diría que creen en Dios. Pero si usted les preguntara a esas mismas personas qué quiere decir ser creyente, casi le puedo garantizar que recibiría muchas respuestas diferentes.

Al igual que muchos, yo crecí asistiendo a la escuela dominical y a la iglesia. Sabía la mayoría de los himnos y de las historias, y podía dar las respuestas correctas. En realidad me gustaba la Santa Biblia y la respetaba. Pero me llevó varios años darme cuenta de lo que en realidad significa ser creyente —entender el fundamento de una vida realizada y fascinante.

(De muchas formas, siento que todavía estoy aprendiendo.) No se trataba de si mi iglesia estaba enseñando la verdad. En realidad, los líderes de la pequeña congregación en la Argentina eran algunos de los eruditos bíblicos más fuertes que conozco. Fue mi propia falta de comprensión y mis propias elecciones lo que hicieron que me llevara tanto tiempo llegar a una perspectiva correcta.

Estoy convencido de que la mayoría de la gente —sin importar dónde se encuentran en el ámbito religioso— está confundida. No entienden cabalmente de qué se trata la fe. Y lo que es peor, la fe los ayuda muy poco en su vida diaria.

Dios quiere que cada uno de nosotros sepamos el lugar que ocupamos ante sus ojos. ¿Y qué quiere decir que usted cree en Dios, y qué efecto tiene esa creencia en su vida? Y lo que es igualmente relevante, si usted no cree en Dios, ¿qué significa eso para usted?

◙　◙　◙

Al mundo no le faltan sistemas de creencias. A veces, parece un buffet o una heladería —cantidad enorme de sabores para escoger. O usted puede crear su propio sabor. Y para ser franco, muchas veces no nos damos cuenta de que lo estamos haciendo.

Hace algunos años, visité a un amigo ateo en la China. Él es alto funcionario del gobierno, es muy respetado, tiene muchos conocimientos y es todo un dignatario. En lo que respecta al intelecto, es una persona brillante. Lo respeto mucho y en verdad lo considero un amigo. Escribimos un libro juntos hablando sobre asuntos religiosos, y fue fascinante escuchar sus puntos de vista. Pero una cosa que dijo en nuestras conversaciones me pareció rara —y esa no fue la primera vez que yo la había escuchado.

"La mayor parte de las religiones más grandes," dijo él, "afirman que su dios es el único dios. No puedo discriminar contra ninguna de ellas, así que me quedan sólo dos opciones. La primera: creo que todas sus afirmaciones son correctas. En ese caso, habría muchos dioses y muchas contradicciones. La segunda elección es que todas las afirmaciones no tienen fundamento; no hay Dios en realidad. Tampoco ninguna religión estaría de acuerdo conmigo sobre eso."

Para ser franco, esa forma de pensar me desconcierta. Quiero decirlo otra vez, sé que él no es el único que piensa de esa manera. Sí, hay muchas religiones en el mundo. Sí, la mayoría de ellas afirma que su dios es el único dios. Pero todas las religiones no son iguales, y no pueden ser combinadas para crear un dios hecho a nuestro gusto.

La misma verdad se aplica a los creyentes que creen en la Biblia. Sólo creer en algo porque simplemente suena bien no es suficiente. No podemos hacer un Dios a nuestro gusto. No podemos censurar a Jesús, prestándoles atención a las enseñanzas que nos gustan y dejando de lado todo lo demás. No podemos cambiar nuestra fe en algo con lo cual nos sentimos cómodos. Debemos indagar hasta lo más profundo y anclar nuestra fe allí. Debemos estudiar y orar para entender la verdadera realidad de nuestra fe, y aprender a confiar en Dios diariamente. Sin embargo, para ser franco, muchos creyentes no llegan a ese punto, y no entienden aspectos importantísimos de su fe en Dios.

La verdad está disponible, y debe ser encontrada. Creo que se puede saber, y yo quiero saberla. Esa creencia y deseo me desafían para indagar más profundamente en la Palabra de Dios para descubrir las promesas maravillosas y la vida completamente cambiada que nos ofrece Dios.

Si Jesús todavía vive —y eso es algo que creo de todo corazón—, ¿cómo afecta eso a mi vida hoy? ¿Cómo obra él —en forma práctica y todos los días— en mi vida?

Dada la mezcolanza de creencias religiosas que hay en el mundo, debemos saber qué es lo que nos enseñan acerca de nosotros mismos. Ya sea que nos demos cuenta o no, esos diversos sistemas de creencias ejercen influencia en nuestra vida. Y todos juntos crean el clima de fe en el cual vivimos, así que es mejor que sepamos qué mensajes nos están enviando. Debemos saber si están basados en la verdad.

Imagínese . . . si soy socialista, soy simplemente un producto de mi medio ambiente. Mi vida es lo que el mundo hace de ella. Si soy humanista, no creo en Dios, y de todas formas no lo necesito. Lo que he llegado a ser se debe a que *yo* lo hice. Si soy materialista, no creo que tenga alma, y por lo tanto, toda esta discusión no tiene sentido alguno. (Y por lo tanto no le interesa este libro.) Si creo en la teoría de la evolución, soy simplemente un mono muy desarrollado, un animal dejado a sus costumbres animales. Si creo en la reencarnación, estoy atrapado por el karma.

Todas estas perspectivas tienen serias implicaciones que

alteran la vida. Afectan la forma en que la gente ve el mundo, ve a otras personas y se ve a sí misma. No es de extrañarse que estos puntos de vista afecten la cultura, los medios de entretenimiento y nuestra vida, ya sea que creamos que están o no en la verdad. Lo que una persona cree marca una diferencia muy grande. Lo que hay en nuestra mente es importante, porque nuestros pensamientos moldean nuestro comportamiento.

De muchas formas, en nuestra sociedad contemporánea, los psicólogos y los psicoterapeutas han llegado a ser los nuevos "sumo sacerdotes." Junto a los doctores, consejeros y psiquiatras, los terapeutas pueden ofrecer tratamientos para muchos asuntos, pero no pueden explicar la cuestión fundamental —cuál es el propósito del ser humano. No pueden resolver el asunto que no nos da tregua, la pregunta no resuelta que flota en la parte más remota de nuestra mente —la pregunta de quiénes somos en realidad.

Somos más que criaturas materiales; somos más que seres emocionales; somos criaturas espirituales en un cuerpo, y hemos sido creados a imagen de nuestro Creador. Para entendernos completamente a nosotros mismos, nuestro propósito, nuestro significado y nuestro valor, debemos ver el cuadro completo. De otra forma, con mucha rapidez la vida se vuelve en desesperación.

◧　◧　◧

Hace algún tiempo, un amigo de uno de nuestros hijos se puso un revólver en la sien y se pegó un tiro. Murió instantáneamente. Tenía sólo dieciséis años de edad y era hijo de un doctor rico y exitoso. Eso nos conmovió a todos. ¿Cómo pudo ese adolescente, quien no parecía diferente a cualquier otro alumno de la secundaria, tomar una decisión tan precipitada y drástica, y quitarse la vida?

Unos pocos meses después del suicidio de ese muchacho, nuestro periódico local publicó la noticia de que un renombrado psicólogo de nuestra ciudad también se había quitado la vida. Él dejó la siguiente nota para sus empleados: "Esta noche me siento cansado, solo y de pronto muy viejo. La completa comprensión de estos sentimientos les llegará sólo cuando ustedes también se sientan cansados, solos y viejos."

¡Qué triste! Se nota claramente que ambas personas no vieron el cuadro total. Estaban estancados en el ahora —concentrados en el presente. Uno de ellos, un adolescente lleno de posibilidades. El otro, un profesional dotado y muy respetado. Y no tenían idea de la forma en que Jesús podría haber cambiado sus vidas. Su perspectiva de la realidad estaba equivocada, y eso fue suficiente para llevarlos al límite de lo que podían soportar. ¡Qué pérdidas tan atroces!

No hay duda de que el mundo lo va a hacer sentir agotado. Y si usted no ve el cuadro completo, si no entiende la razón de su existencia —la realidad verdadera del impacto de Jesús en su vida hoy— de seguro que con bastante rapidez su vida se arruinará.

No estamos jugando aquí. ¡Estamos considerando su vida! Esa es la realidad, un asunto de vida o muerte —literalmente. Y tiene consecuencias eternas.

Si hay algo que debo saber antes de morir, una realidad que no tengo en mi vida espiritual, algo que me dará paz, seguridad, entendimiento y fortaleza, ¡quiero saberlo! ¿No es lo mismo con usted?

Pero aún más importante, si hay algo que me dé seguridad, entendimiento y verdad, y que afectará mi destino eterno, ¿no debería afectar también mi vida ahora mismo?

Jesús no sólo nos salva de nuestros pecados y del grave problema de la culpa asociada con ese estilo de vida; él no sólo nos asegura la salvación cuando muramos; él ofrece mucho más que eso. En sus propias palabras: "Yo soy la puerta; los que entren a través de mí serán salvos. . . . Mi propósito es darles una vida plena y abundante" (Juan 10:9-10).

Lo que nos ofrece Jesús es algo muy grande. La única pregunta es si lo aprovecharemos —o si aun nos damos cuenta de su verdad.

Jesús vino para levantarlo del polvo (1 Samuel 2:8). Él ha venido para rescatarlo a usted hoy —ahora mismo. Se le ofrece una vida digna del alto llamado de Dios. Hay más cosas que llegarán a su vida por la bondad de Dios de lo que tal vez se ha dado cuenta. Dios quiere "lograr mucho más de lo que pudiéramos pedir o incluso imaginar" (Efesios 3:20). Así que ¿por qué no le da una oportunidad a Jesús de hacer esto en *su* vida?

Es triste, pero hasta muchos creyentes consagrados luchan para saber cómo Jesús puede realmente transformar su vida. Incluso algunos "creyentes fuertes" tienen dudas, inquietudes y preocupaciones sin resolver. En lo más profundo, cuando todo está en calma, en realidad se preguntan cómo va a resultar todo.

Estamos muy lejos de ser perfectos, y lo sabemos.

Así que ¿cuál es el cuadro total? ¿Qué es la verdad? ¿Cómo podemos alcanzar la perspectiva correcta? Más importante aún, ¿hacia dónde miramos cuando nuestro mundo comienza a desmoronarse? Lo que quiero hacer en los siguientes capítulos es recordarle algunas realidades poderosas, alentarlo con algunas promesas maravillosas y mostrarle el camino hacia una transformación radical que cambia vidas.

3

MUCHÍSIMO MEJOR

EN DICIEMBRE DE 1944 —una semana antes de la Navidad— mi mundo se desmoronó como nunca antes. Yo tenía diez años de edad y estaba asistiendo a una escuela británica tipo internado en las afueras de la ciudad de Buenos Aires, capital de la Argentina. Mi padre, quien era un hombre de negocios de espíritu competitivo, estaba convencido de que yo necesitaba disciplina, estructura y aprender el idioma inglés. Él tenía razón.

Acababa de rendir los exámenes finales durante mi tercer año en la Escuela Preparatoria Quilmes, y estaba listo para volver a mi hogar para los días feriados. El verano estaba en su apogeo (el mes de diciembre es verano en la Argentina), y no podía esperar para disfrutar de unas pocas semanas de diversión con mi familia y mis amigos. También quería ver a mi padre. Él y yo teníamos una relación muy estrecha durante esos años, y a mí me encantaba pasar tiempo con él. Él me había dado una pequeña parcela de tierra en nuestro patio de atrás de la casa y me estaba enseñando a cultivar. También me había comprado un caballo y me estaba enseñando a montarlo. Yo amaba a mi padre con todo mi corazón.

Durante el tiempo de clases, muy pocas veces veía o hablaba con mi familia. Aunque yo sólo tenía diez años de edad, quedaba entendido que mientras estuviera en la escuela, ese era mi centro de atención. Es por eso que en aquella calurosa mañana de verano, la llamada telefónica de mi abuela me sorprendió. De inmediato supe que algo andaba mal.

Ella no tardó en darme la noticia. "Luis, tu papá está muy enfermo. Tenemos que orar mucho por él."

El corazón me cayó al suelo.

Mi abuela no me dio detalles, pero tuve el terrible presentimiento de que papá ya había muerto o que por lo menos se estaba muriendo. A la mañana siguiente, mi abuela llegó para ponerme en un tren rumbo a casa.

"Es muy grave," me dijo mientras me ayudaba a empacar mis cosas. "Tu mamá quiere que vayas y que veas a tu padre de inmediato."

No perdí ni un minuto y comencé el viaje de tres horas de regreso a mi hogar en la pequeña ciudad llamada Ingeniero Maschwitz —un viaje que me pareció interminable. Yo tenía que tomar un tren hasta Buenos Aires, tomar el subte que atravesaba la ciudad y allí en el otro lado, tomar otro tren. Para un niño de diez años, no era nada fácil. En la mayoría de los viajes que hacía a mi hogar, me gustaba mucho esa aventura. Me hacía sentir mayor y responsable. Pero ese día hubiera querido que terminara antes de empezar. Yo quería estar con mi papá.

Mientras viajaba en el tren, me imaginaba ser el conductor y de alguna forma aumentar la velocidad. Yo amaba a mi padre más que nunca. Habíamos hecho planes, y él me había hecho muchas promesas. Pensar que le pudiera pasar algo era demasiado para que mi cerebro lo pudiera manejar.

Estaba sentado en silencio, mirando hacia adelante, y sin embargo no veía nada. No había forma de ignorar el temor, la certeza de que llegaría tarde para despedirme de mi padre.

Cuando por fin el tren llegó a mi ciudad, salté de mi asiento y me dirigí hacia el frente. Cuando finalmente abrieron las puertas, me abrí paso lo más rápido que pude, salté los escalones y corrí a mi casa.

Todo resto de esperanza que me pudiera haber quedado se desvaneció cuando llegué cerca de mi casa y oí los lamentos tradicionales. Mi papá ya había fallecido.

Corrí a través del portón hasta la puerta antes de que mi mamá supiera que había llegado a casa. Y allí estaba mi padre, acostado en la cama como si estuviera durmiendo.

Corrí hacia él, ignorando a mis hermanas y a otros parientes. Él había muerto unas horas antes, y ahora su cuerpo estaba amarillento e hinchado, todavía secretando fluidos, la sangre secándose y los labios resquebrajados.

Traté de armarme de valor entre los llantos y sollozos, pero comencé a temblar en forma incontrolable. No podía creerlo. Nunca más podría hablar con mi padre. Tenía un aspecto terrible, pero yo quería que estuviera bien. Lo acaricié y lo besé, pero ya se había marchado. Sin importar lo que tratara de hacer, jamás obtendría una respuesta de mi padre de nuevo.

Mi madre, quien todavía estaba aturdida pero no lloraba, se detuvo detrás de mí, y me puso las manos sobre los hombros. "Luisito," me dijo suavemente mientras me llevaba aparte, "tengo que contarte cómo sucedió."

Varios días antes, mi padre había estado trabajando en los muelles. Él era un hombre de negocios —constructor de casas— y acababa de comprar sus propias barcazas para llevar arena y otros suministros desde el Paraguay hasta la Argentina. Había llegado uno de los primeros embarques de arena, y mi padre, como era su costumbre, dio una mano para que la descarga fuera hecha con más rapidez.

Era una tarde calurosa, y él no estaba preparado para hacer trabajo pesado. Debería haber tomado eso en consideración, pero era una persona muy dedicada al trabajo. A los pocos días, se enfermó. Al principio pensaron que sólo sería un resfrío o gripe —nada de qué preocuparse. Mi padre trató de descansar y tomó algunos remedios de hierbas para luchar con el virus. Pero con mucha rapidez, el resfrío se volvió en algo más serio. No se podía deshacer de la molesta tos, y la fiebre era incontrolable.

Para cuando mi padre fue a ver a un doctor en el hospital, algunos días después, no hubo nada que pudieran hacer por él. El diagnóstico fue claro —bronconeumonía, declaró el doctor—, y el mes de diciembre de 1944 no fue un tiempo bueno para alguien que necesitara penicilina. Toda estaba siendo usada en el extranjero, para los soldados que estaban luchando en la Segunda Guerra Mundial.

El doctor envió a mi padre a casa. Era todo lo que podía hacer. "Por lo menos de esta manera," razonó el médico, "él puede regresar a su hogar y morir en paz rodeado por su familia." Y eso es exactamente lo que hizo.

Mi madre y yo estábamos afuera de la casa —al calor del sol— cuando ella me habló sobre las últimas horas de mi padre. Mirando hacia atrás, me doy cuenta de que eso es probablemente más de lo que debería escuchar un niño de diez años. Pero yo lo quería saber, así que ella me lo dijo. Yo traté de reprimir los sollozos mientras escuchaba lo que decía, pero no lo estaba logrando muy bien.

Durante días, él había estado en cama, luchando para que le bajara la fiebre y que su tos disminuyera, pero sabía que el final estaba cerca.

Finalmente, el 17 de diciembre, mientras el sol estaba apenas comenzando a brillar en la ventana del dormitorio, la vida de mi padre en la tierra llegó a su fin. Muchos miembros de la familia estaban alrededor de su cama, esperando lo inevitable y haciendo lo mejor posible para alentarse y consolarse unos a otros. Mis cuatro hermanitas pequeñas también estaban allí, mientras mi madre hacía lo mejor que podía para protegerlas del dolor. Ella también estaba luchando, y tenía cuatro meses de embarazo, esperando a mi hermana menor.

"Mientras estábamos reunidos alrededor de su cama," dijo ella, "orando y tratando de hacer que se sintiera lo más cómodo posible, pareció quedarse dormido. Le costaba respirar, pero de pronto se incorporó y comenzó a cantar." Yo miré a mi madre, sin poder creer lo que me estaba diciendo. El himno era muy familiar, uno de los antiguos favoritos de él del Ejército de Salvación:

Coronas hay, coronas más allá,
Hay para ti y para mí.
La palma de la victoria,
La palma de la victoria.

Cuando terminó de cantar —extenuado por la fiebre fuera de control— se dejó caer la cabeza sobre la almohada. Entonces señaló hacia el cielo y en voz suave pero con determinación, citó lo que escribió el apóstol Pablo en el libro a los filipenses: "Quisiera partir y estar con Cristo, lo cual sería mucho mejor para mí."[5]

Con eso, él se fue, y yo me sentí destrozado.

Mi padre tenía sólo treinta y cuatro años de edad.

◙　◙　◙

La muerte de mi padre hizo que mi mundo quedara al revés. No sólo dejó a la familia con dolor y tristeza por la pérdida, sino que también fue un poderoso ejemplo y un desafío para mí personalmente. Tomó todo lo que yo sabía sobre la muerte y el morir, y lo cambió totalmente. No sólo la muerte se convirtió en la realidad final para mí, sino que llegó a ser un indicador para la vida. La brevedad de la vida, la finalidad de la muerte —por supuesto que en este lado de la eternidad.

Todo puede ser racionalizado; nos podemos formular preguntas sobre todas las cosas y hablar sobre ellas. Pero la muerte es permanente. La muerte nos mira a la cara todos los días. Como un niño de diez años de edad, sentí que la muerte me estaba mirando a *mí* a la cara. Estaba cambiando mi vida. Era real. ¡Es real! Mi padre estaba con nosotros un minuto, y se había ido al siguiente. Y así es. Desde la perspectiva de los que quedan, cuando usted se va, es una realidad. Pero ¿a dónde se fue?

Lo que me dijo mi madre aquella mañana calurosa de verano lo tengo todavía tan vívido en la mente que a veces siento como que estuve presente cuando mi padre estaba cantando. Todavía se me llenan los ojos de lágrimas cada vez que cuento la historia —aun después de más de sesenta años. ¡Qué hombre! ¡Qué historia! Su muerte fue tan diferente a la experiencia típica de América Latina que yo lo noté aunque era un niño pequeño.

En el vecindario donde crecí, todo el mundo se enteraba de la muerte de alguien. En aquellos días, a la mayoría de las personas enfermas las mandaban de vuelta a su hogar para pasar allí sus últimas horas o días de vida. La persona estaba en cama, con la familia a su alrededor, y todos lloraban y se lamentaban en voz alta.

Recuerdo con todos sus detalles la muerte de un hombre.

Era un vecino cercano que vivía a unas pocas casas de nuestra casa, no más de treinta metros de distancia de nuestra casa. En aquella época yo era adolescente, y todavía tengo los sonidos grabados en la memoria. Durante horas lo escuché gritar: *"¡Me estoy muriendo, me estoy muriendo! Me voy al infierno y nadie me puede parar."*

Le digo que eso me atormentó por mucho tiempo. Todavía me hace estremecer. Escuchar a alguien tan desesperado, con tanto miedo de morir —¡qué lección de cómo son las cosas en el mundo real! Y ese hombre no fue el único. Casi todas las personas en mi ciudad parecían morir de esa forma, temiendo lo peor. Todos excepto mi padre. El contraste fue impresionante.

Sólo puedo imaginarme el miedo con que esa gente vivía todos los días. Sin duda que la muerte abarcaba gran parte de sus pensamientos a medida que se acercaba el fin. Pero todos nos formulamos preguntas en cuanto a esto. Cuando pasamos un cementerio sentimos nerviosismo, imaginándonos dónde está esa gente y lo que será para nosotros cuando nos llegue la hora. Y téngalo por seguro que nuestra hora también llegará. Yo no quiero ignorar la muerte, pero tampoco quiero tenerle miedo. Quiero mirarla de frente, con convicción y fortaleza —al igual que mi padre.

Para muchos, la muerte les llega demasiado pronto, antes de que estén preparados. Ataca tanto a los niños como a las niñas. Reclama a niños huérfanos en Haití, a isleños en Indonesia, a hermanos y hermanas en Nueva Orleans. La muerte y la tragedia llegan cuando menos las esperamos. Aviones se estrellan en la tierra; vienen los terremotos y los tsunamis; las enfermedades nos llegan de golpe; los accidentes reclaman vidas. Aun la persona más fuerte y sana está a solo un latido o respiro de la muerte.

Así que, ¿qué piensa de esta realidad? ¿Qué es lo que hace cuando sabe que la muerte es sólo un asunto de tiempo? Le llegará a usted —y a mí— en algún momento.

Aquí está lo que creo que es la respuesta: Decida hacer que su vida tenga un propósito. Decida vivir lo mejor que puede hasta que sea llamado a su hogar eterno. Al igual que mi padre, trate de hacer lo mejor que puede, en el poder de Jesucristo, todos los días de su vida. Dedíquese a vivir para alcanzar su potencial máximo, para que cuando llegue al cielo, Jesús lo salude con las bellas e invaluables palabras: "Bien hecho, mi buen siervo fiel. . . . ¡Ven a celebrar conmigo!" (Mateo 25:21).

Es triste, pero mucha gente le erra al blanco —personas religiosas y personas que no son religiosas por igual. Pasan por alto la verdad, se olvidan de lo básico y ponen en tela de juicio lo que ya se les ha mostrado con toda claridad. Buscan aceptación, aprobación y significado en otros lugares. Buscan amor y poder, sólo para quedar con las manos vacías. Viven vidas mundanas, sin propósito. Y la vida les pasa de largo.

No seamos cortos de vista. La fe en Jesucristo no es una tarjeta "que nos permite salir de la cárcel" que se puede usar cuando estemos frente al tribunal de Dios. No es "seguro contra incendio," como la llaman algunos bromeando. No podemos cometer ese error. Hay mucho más en cuanto a nuestra fe hoy —ahora mismo.

No tengo todas las respuestas, pero después de todos estos

años de vida, he llegado a darme cuenta de que la realidad de vivir una vida verdaderamente transformada está al alcance de *todo el mundo*. Lo he visto en la vida de mi padre, en mi propia vida y en decenas de miles de otras personas a lo largo de setenta y cinco naciones. No importa si su vida termina a mitad de camino, o tiene el gozo de vivir muchos años en la tierra, usted tiene el potencial para llegar a la grandeza, los ingredientes para que su vida sea significativa . . . si la enfrenta según el diseño de su Creador.

Con toda franqueza, no es tan complicado como lo hacemos nosotros. Una vida significativa, totalmente transformada, está a nuestro alcance. Tenemos la verdad. Sólo se trata de unir los puntos. Se trata de creer la Biblia y aceptar lo que dice. Y si le ha confiado su vida a Jesús, no puede olvidar que "el Espíritu de Dios, quien levantó a Jesús de los muertos, vive en ustedes; y así como Dios levantó a Cristo Jesús de los muertos, él dará vida a sus cuerpos mortales mediante el mismo Espíritu, quien vive en ustedes" (Romanos 8:11).

La solución para la muerte es *la vida*. Y esa vida llega por medio de la poderosa transformación que está disponible para nosotros a través de la obra del Espíritu Santo en nuestro corazón. Ese es el antídoto para lo que a menudo parece una vida "muerta." Eso es vivir realmente —una verdadera transformación. Una vez que entendemos esa realidad, podemos mirar cara a cara a la muerte y gozarnos. Después de todo, el mismo Espíritu que resucitó a Jesús de los muertos está obrando en nosotros.

La vida y la muerte de mi padre son recordatorios claros

de la verdad a la que debemos aferrarnos como creyentes. Mi padre vivió para Jesús, y murió con Jesús. Se centró su vida entera —no sólo una parte— en la persona y el poder de su Salvador, y su vida fue dramáticamente cambiada. Eso no cambió sus circunstancias; todavía tuvo luchas en la vida, todavía murió a los treinta y cuatro años de edad. Pero cambió su perspectiva y realineó sus prioridades. Fue una transformación que también puede ocurrir en su vida y en la mía.

Por más que quiero creer que mi padre fue un gigante espiritual superhumano, sé que no es así. Él era como usted y yo —todos los días luchaba para llevar una vida significativa. Y en el poder de Cristo, él lo logró. Dejó que la Palabra de Dios penetrara en todos los aspectos de su vida. Creía todo lo que dice la Palabra, y vivió de acuerdo a sus principios. Y creía de todo corazón en las promesas de su Salvador. Es un ejemplo —y desafío— para todos nosotros. "Pues Dios no nos ha dado un espíritu de temor y timidez sino de poder, amor y autodisciplina" (2 Timoteo 1:7). Y ese, mi amigo, es un don maravilloso, sin importar las circunstancias que enfrente.

Usted también puede experimentar la misma victoria que mi padre. Puede ver —y verá— cambios en su vida cuando se dé cuenta de que su vida no le pertenece a sí mismo (1 Corintios 6:19).

Si se ha entregado a Jesucristo, su vida le pertenece a él y sólo a él.

4

FELIZ Y BENDECIDO

Después de la muerte de mi padre, mi familia luchó financieramente. Nos tomó unos pocos años para perder casi todo lo que teníamos. Mi mamá trató de llevar adelante el negocio de mi padre —en realidad se esforzó e hizo lo mejor que pudo— pero no era una mujer de negocios. La gente se aprovechó de mi madre. Le mentían y le robaron por medio de engaños.

El negocio que había crecido para incluir una granja, terrenos, camiones y barcazas muy pronto quedó en nada. Yo tuve que dejar mis estudios y conseguir un trabajo en una corporación británica en Buenos Aires para poder llegar a fin de mes. Teníamos facturas que pagar que se iban acumulando

—y una deuda más allá de lo que nos podíamos imaginar. Afortunadamente, el poder hablar dos idiomas era algo muy cotizado en aquella época en la Argentina, y me dio una puerta abierta a una carrera en el mundo de las finanzas que pagaba muy bien. Muy pronto me convertí en el único proveedor de mi familia de siete personas, y lentamente comenzamos a salir de la enorme deuda que teníamos.

Aunque yo tenía un empleo que pagaba muy bien, no podía mantener a los siete que éramos al nivel a que estábamos acostumbrados cuando mi padre vivía. Aprendimos lo que era pasar necesidad. Muchas noches, nuestra cena era solamente un pan de molde, el cual se repartía entre siete. Una buena noche, le podíamos agregar un tomate o un pequeño pedazo de carne, los cuales dividíamos en siete pedazos. (Nos debería haber visto —siete argentinos delgados, luchando para sobrevivir.)

La vida no nos era fácil, especialmente para mi madre. Muchas noches la encontraba sola en su cuarto, llorando con las manos cubriéndole el rostro. Al principio, yo no lo entendía. Después de todo, nos tenía a nosotros, sus hijos. Más tarde me di cuenta de que probablemente era *debido a nosotros*, sus hijos, que ella lloraba. (Seis pequeños monstruos —no sé cómo lo hizo.)

Todo lo que nos quedaba era apoyarnos los unos a los otros y la fe en Dios que habíamos aprendido de nuestra madre y nuestro padre. Lo que es sorprendente, fue más que suficiente. A pesar de todo, teníamos gozo. Éramos felices. En verdad, ¡lo éramos! Habíamos llegado a entender, por lo menos en parte, la poderosa realidad de la promesa de Jesús que se encuentra en Hebreos 13:5: "Nunca te fallaré. Jamás te abandonaré." Sin embargo, esa verdad no había sido siempre tan clara para mi padre. Él había conocido la verdad que lo confortó cuando enfrentó la muerte sólo durante los últimos diez años de su vida.

Mi padre había llegado de España a la Argentina con su familia cuando tenía doce años de edad. No tenían casi nada cuando llegaron —un poco de ropa y algunas otras pertenencias personales. Mi padre era el segundo de seis hijos —cuatro varones y dos niñas.

Cuatro años después de haber llegado a la Argentina, mi abuelo falleció. Y al igual que su propio hijo haría menos de veinticinco años después, a la edad de dieciséis años, mi padre se convirtió en el único proveedor de su familia.

Él conoció a mi madre cuando tenía veinte años y ella dieciocho. Él ya se había establecido como un constructor de casas bastante exitoso en su pequeña ciudad. Se casaron en 1934, y yo nací menos de un año después —el primero de seis hijos. Después de mí, nacieron mis cinco hermanas. (También tenemos un hermanastro, quien nació varios años después de la muerte de mi padre.)

Mi padre era un hombre típico —con todas las características de la masculinidad. No le interesaba la religión y no asistía a la iglesia. No pensaba mucho en la vida después de la muerte. En realidad, no pensaba mucho en la vida aparte del trabajo. Era un hombre de negocios —y era exitoso. Tenía varias docenas de empleados, junto con automóviles y conductores, ganado y tierra, trabajadores, una flota de camiones y aun barcazas que viajaban en el río. Sólo uno de los hombres de negocios de nuestra ciudad era más exitoso que él. Mi padre era un verdadero empresario, y lo sería hasta su muerte. Pero en el año 1934, él conoció al señor Edward Charles Rogers, cuya influencia cambió su vida para siempre.

El señor Rogers también era un hombre de negocios. Él había llegado desde Inglaterra hacía algunos años —era uno de los ejecutivos de una gran compañía internacional petrolera. Nosotros lo llamábamos "el Misionero," porque había llegado a la Argentina con el propósito expreso de ganar almas para Jesucristo. Él se había casado con la hija de un misionero inglés que vivía en esa zona, y juntos iban casa por casa de noche, después del trabajo, compartiendo el Evangelio. Así es como conocimos al señor Rogers.

Mi madre fue la que abrió la puerta el día que el señor Rogers llegó por primera vez a nuestra casa en 1934 —unos pocos meses después de que mis padres se habían casado. Ella se sintió intrigada por lo que él había dicho, y comenzó a leer la Biblia que él le había dado, y enseguida le entregó su vida a Jesucristo. Fue así de simple. Él no le ofreció nada sino el Evangelio. Ningún plan para enriquecerse de la noche a la mañana. No le regaló nada. Tampoco le hizo promesas de una vida más fácil. Sólo la libertad que se encuentra en la Biblia. Cuando mi madre leyó versículos tales como Mateo 5:8 ("Dios bendice a los que tienen corazón puro, porque ellos verán a Dios") y Juan 1:29 ("¡Miren! ¡El Cordero de Dios que quita el pecado del mundo!"), no pudo hacer sino responder. Fue más que suficiente para ella, y sintió verdadera libertad de conciencia.

Poco después, mi abuela también aceptó a Jesús como Salvador, pero no fue tan fácil ganar a mi padre. El señor Rogers lo intrigaba, pero mi padre dejó claro que no quería nada con la religión o el Evangelio. No era asunto de no creer, era más bien que no le importaba. Tenía cosas mejores que hacer, como hacer prosperar su negocio. Tenía una vida que vivir y una familia que mantener. No hay duda de que mi padre era un buen hombre. Nunca había hecho nada en realidad ilegal o malo. Y quería vivir una vida buena. Pero no tenía tiempo para la religión o las reglas que venían con ella. Eso parecía no tenerle sentido.

Si usted le hubiera preguntado en aquel entonces, es probable que mi padre le hubiera dicho que era religioso. Pero eso no afectaba su vida diaria. No era algo en lo que pensara o le importara en su vida diaria. (Él jugaba al fútbol los domingos de mañana, y eso era más importante.)

Entonces, un día, meses después de la conversión de mi madre, mi padre sorprendió a toda la comunidad. Después de haber visto la vida de mi madre completamente transformada, él quería escuchar más de esa persona llamada Jesús. Claro que él sabía quién era Jesús, pero parecía como si mi madre conociera a un Jesús completamente diferente —uno que era real, activo y que estaba interesado en su vida. Un Jesús que realmente estaba vivo y activo.

Cuando llevó a mi madre a la iglesia un domingo de noche, mi padre decidió entrar con ella. Sin decir una sola palabra, él se sentó a su lado. (Más tarde ella se enteró de que él se había quedado de pie, afuera de la capilla, escuchando los mensajes por semanas.) Como siempre, el señor Rogers y los líderes de la pequeña iglesia compartieron el Evangelio con claridad y en forma directa sin andar con rodeos. Ni siquiera fue un mensaje muy elocuente. Pero fue eficaz. Aquella noche, el sermón se basó en 1 Corintios 15:1-3:

> Ahora, amados hermanos, permítanme recordarles la Buena Noticia que ya les prediqué. En ese entonces, la recibieron con gusto y todavía permanecen firmes en ella. Esa es la Buena Noticia que los salva si ustedes siguen creyendo el mensaje que les prediqué, a menos que hayan creído algo que a principio de cuentas nunca fue cierto.
>
> Yo les transmití a ustedes lo más importante y lo que se me había transmitido a mí también. Cristo murió por nuestros pecados tal como dicen las Escrituras.

A los pocos minutos de haber comenzado el mensaje, mientras el señor Rogers explicaba con más detalles el texto, mi padre se puso de pie e interrumpió la lección. Él fue muy cortés cuando habló, pero fue firme. "Ahora mismo," dijo, "recibo a Jesucristo como mi único y suficiente Salvador."

Después volvió a sentarse.

El señor Rogers estaba tan sorprendido que dejó de predicar por algunos momentos. Mi madre estaba casi debajo de la banca, encogida por el bochorno, pero saltando de alegría por dentro.

¡Esa sí que fue una transformación radical! Desde ese momento en adelante, mi padre nunca miró hacia atrás. Estaba convencido. Era un hombre con propósito, con intención y con convicción. Acababa de conocer al Jesús verdadero —el que está vivo y es poderoso, y está interesado en cambiar nuestra vida—, y mi padre había decidido entregar su vida para que lo guiara el Señor.

A los pocos días, mi padre estaba estudiando la Biblia con el señor Rogers. Él estaba escudriñando en el texto, comenzando con el Evangelio de Juan y el libro de Proverbios. Estaba aprendiendo el significado de seguir a Jesús, y estaba usando todos sus recursos para compartir esta maravillosa verdad con otras personas.

Por los siguientes nueve años, mi padre se dedicó totalmente a vivir siguiendo a Jesucristo, y confió en el poder del Espíritu Santo para que fuera delante de él y lo guiara. Su vida ya no le pertenecía; había sido comprado por precio, y sabía que eso significaba que debía honrar a Dios con su cuerpo y con su vida (1 Corintios 6:20). Usaba cada minuto libre que tenía para estudiar la Biblia. Usó sus recursos para ayudar a los necesitados, y para construir otros edificios para iglesias, y también usó su negocio para bendecir a otras personas. De hecho, todos los veranos, él y el señor Rogers —acompañados de sus respectivas familias— visitaban una ciudad o aldea cercana, compartiendo el mensaje de Jesús, guiando a las personas a recibir a Cristo, construyendo iglesias y bendiciendo a la comunidad de cualquier forma que podían.

En aquellos nueve años, mi padre y el señor Rogers plantaron nueve iglesias. Y esas iglesias todavía existen hoy —tanto las congregaciones como los edificios que construyó mi padre. Por supuesto que tuvieron oposición. Yo estuve presente cuando era niño, y vi lo difícil que fue. Escuché los nombres que le daban a mi padre algunos de los habitantes de esos lugares. Fui testigo de los insultos y de las veces que lo apedrearon. (Recuerdo que yo quería también tirarles piedras a los que se burlaban de nosotros, pero por supuesto que mi padre nunca me dejó hacerlo.)

Sin importar los insultos, las discusiones o las calumnias, nadie pudo —o quiso— poner en tela de juicio la transformación, la convicción y el corazón tierno de mi padre. Las mismas personas que le tiraban piedras (literalmente, ¡lo apedreaban!) fueron las que él más amaba. Era por ellas que él visitaba esos pequeños pueblos y aldeas. No les tomaba en cuenta sus actos. Oraba por esas personas continuamente, y quería lo mejor para ellas. Y hoy —para aquellos que todavía recuerdan a mi padre— lo que se destaca es el testimonio de su vida.

Pero entonces murió; de improviso falleció. Su vida terrenal terminó.

Hablando con amigos, familiares y conocidos a través de los años, me di cuenta del cambio drástico que fue para mi padre comenzar a creer en Jesucristo. Él aceptó a Jesús como Salvador cuando yo era un bebé, así que no pude ver la diferencia, pero por lo que me dicen algunas personas, la transformación fue asombrosa.

Me dicen que casi de la noche a la mañana, las prioridades de mi padre cambiaron. Su norte cambió y su determinación se hizo más fuerte. (Sus amigos bromeaban diciendo que cuando él se convirtió, su cartera también se convirtió.) Tuvo aún más éxito en su negocio, y usó sus recursos para hacer avanzar el reino de Dios. Comenzó a alcanzar a otras personas, a servir a los necesitados y a compartir con otros. Y más de nueve pueblos fueron bendecidos por su vida. De hecho, todavía son bendecidos hoy como resultado. Aunque su vida fue corta, su legado todavía vive.

Hace algunos años, yo visité uno de esos nueve pueblos. Era un lugar apartado cuando mi padre estuvo allí hace unos setenta años, y sigue siendo un lugar apartado hoy en día. Desde que llegué a ese lugar no pasaron ni cinco minutos cuando un anciano me detuvo en la calle.

"Usted es el señor Palau, ¿verdad?," me dijo. "Recuerdo a su padre. Él era un buen hombre. ¿Quiere ver la iglesia que él construyó?"

Y entonces me guió a un lugar más allá de una iglesia grande, a una pequeña parcela. Señaló hacia un rectángulo de concreto pequeño, de unos diez por veinte metros en medio del campo. "Esos son los cimientos de la iglesia que construyó su padre hace setenta años," me explicó. "Allí es donde nos reunimos durante muchos años."

Entonces se volvió y señaló al edificio bastante grande de la iglesia que acabábamos de pasar. "Pero nuestra congregación creció y el edificio nos resultó muy chico, y además estaba muy viejo. Ahora nos reunimos aquí."

No pude evitar las lágrimas. Este pueblo —un lugar apartado y olvidado por mucho del mundo— había sido bendecido por mi padre. Ahora, siete décadas después, la iglesia que él había ayudado a plantar no sólo estaba continuando, sino que estaba creciendo. Es probable que viva más tiempo que nosotros. Uno de los líderes —un amigo de mi juventud— me dijo que, del ministerio de mi padre y de las iglesias que él había ayudado a plantar, habían salido cuarenta y dos misioneros, maestros bíblicos y evangelistas (incluyéndome a mí) como obreros cristianos de tiempo completo.

Mirando hacia atrás, a la vida de mi padre, a su muerte y a su enorme pasión por la gente, encuentro que una cosa es clara: Él tenía algo que la mayoría de los que vivían en mi pueblo no tenían. Él tenía una fe revolucionaria. Era una fe que abarcaba todo su ser, una fe que era real. ¿Por qué? Porque él estuvo dispuesto a cambiar y a vivir de acuerdo a sus convicciones. Estuvo dispuesto a temerle a Dios más que a los hombres. Estuvo dispuesto a ajustar sus prioridades, a hacer suyas las metas de Dios y a ver al mundo de la forma en que Dios lo ve —perdido y en una necesidad apremiante de esperanza.

Mi padre estuvo dispuesto a poner a Dios primero en todas las cosas. Estuvo dispuesto a usar sus recursos para la gloria de Dios, dejar de vivir su propia vida y hacer lo que Dios lo había llamado a hacer.

Si hay algo que he aprendido en mis años de ministerio,

es que la historia de mi padre no es única. Es diferente, pero definitivamente se puede repetir. Y todo comienza con personas comunes y corrientes —hombres de negocio, madres jóvenes, estudiantes, parejas casadas y gente soltera—, personas dispuestas a escuchar al Jesús verdadero y a la vida transformada que él nos ofrece. Personas que están dispuestas a cambiar su polvo por una corona, a tomar sus propias cruces y seguir a su Salvador.

Al igual que mi padre, todos debemos considerar lo que nos costará. Debemos estar dispuestos a dejar de lado nuestros propios intereses y aceptar que nuestra vida ya no nos pertenece. (Sé que esto es difícil de escuchar.) Debemos estar dispuestos a confiar en Dios, a caminar en fe, a llevar nuestra cruz, a aceptar lo que Cristo pone en nuestra vida y a seguirle. Tal vez suene difícil, y a veces lo es. Pero como mi padre descubrió por sí mismo, y yo también lo he aprendido, no hay vida que valga la pena vivir si no se sigue a Cristo. Las prioridades de Cristo deben ser las nuestras. Su vida debe ser la nuestra. De otra forma, no podemos ser sus discípulos.

Sin embargo, no comiencen sin calcular el costo.
Pues, ¿quién comenzaría a construir un edificio sin primero calcular el costo para ver si hay suficiente dinero para terminarlo? Se no ser así, tal vez termines sólo los cimientos antes de quedarte sin dinero, y entonces todos se reirán de ti. Dirán: "¡Ahí está el que comenzó un edificio y no pudo terminarlo!".
(Lucas 14:28-30)

¿Cuántas personas han construido su fundamento en Dios sólo para dejarlo sin atender y sin terminar? ¿Cuántas han comenzado la carrera de fe, sólo para encontrarse al margen de lo que Dios está haciendo? ¡Que esto no lo describa a usted! Usted dice que tiene fe en Dios, pero ¿dicen una historia diferente sus acciones? No podemos darnos el lujo de no terminar lo que hemos comenzado.

Casi no puedo esperar para ver a mi padre de nuevo en el cielo. Sé que él va a estar allí. Sé que me estará esperando con los brazos abiertos. Y casi no puedo esperar para darle las gracias por el ejemplo que me dejó —por la cruz que cargó. Él me preparó el terreno. Me dio un rayo de esperanza. Me desafió a mí —y también lo está desafiando a usted— a pelear la buena batalla, a pararse del lado de Jesús y a arriesgarlo todo para la gloria de Dios y no la de usted.

Después de todo, el mundo se convierte en un lugar que da miedo si hacemos las cosas a nuestra manera. Pero no es así si vivimos de acuerdo a los valores eternos.

5

MONSTRUOS DE DEPRAVACIÓN

"Si escribiera todas las cosas que he hecho en la vida y todos los pensamientos que me pasaron por la mente, el mundo me consideraría un monstruo de depravación."[6] La primera vez que leí esa cita, en un artículo de una revista sobre el escritor Somerset Maugham, la frase me hizo un tremendo impacto. Nunca había pensado de esa manera sobre mi vida, pero tenía un matiz de verdad. Cuanto más pensé en eso, tanto más me horroricé. Era bastante cierto —por lo menos para mí.

Usted escuchará a menudo decir que alguien es una "buena persona." Pero ¿qué significa eso en realidad? ¿Podría ser que las personas "buenas" son mejores en cuanto a cubrir su depravación interior? Cuanto más vivo y cuanta más experiencia tengo, tanto más convencido estoy de que esa depravación —la corrupción moral total— reside en el corazón de cada ser humano. Es triste, pero la vida de muchas personas es controlada y destruida por esta corrupción interna.

Cuando examinamos con sobriedad nuestros pensamientos (como le gusta decir a mi hijo Andrés), es una realidad *seria*. No somos tan perfectos como nos gusta parecer ante el mundo. No tenemos todo como nos gustaría tenerlo. Andamos muy mal —y esto se aplica a todos nosotros. Tenemos cosas que no queremos que nadie sepa. Tenemos secretos ocultos y tratamos de que permanezcan así. Y pasamos mucho tiempo orando, pidiendo que nadie los vaya a descubrir. Separados de Dios, nuestra alma y nuestro espíritu están en mal estado, y no tenemos ni esperanza ni clave sobre lo que hacer.

◙　◙　◙

Hace varios años, a Patricia y a mí nos invitaron a pasar unas vacaciones en la casa de unos amigos en el sur de California. Tenían una bella casa muy espaciosa, una piscina grande y una vista maravillosa del Océano Pacífico y de la zona de alrededor. Aunque ellos estarían en la casa —junto con su hija adulta— nos aseguraron que nos dejarían estar solos y descansar. Había sido un año de mucho trabajo para nosotros, y anhelábamos ese tiempo tranquilo con nuestros cuatro hijos.

Decidimos ir —no queríamos rechazar unas vacaciones gratis— y fuimos a su hogar. Sólo llevó unas pocas horas para que el ruego desesperado se hiciera manifiesto.

"Bueno," dijeron, "sabemos que los dos están de vacaciones y sabemos que quieren pasar tiempo a solas, y sabemos que eso es lo que les prometimos. Pero necesitamos su ayuda en forma desesperada."

Así es como comenzaron nuestras vacaciones.

"Por favor," nos rogaron, "nuestra hija Sarah está sufriendo mucho. Los últimos años han sido una pesadilla para ella. Su matrimonio se ha desmoronado, y la culpa la consume. Cree que ha perdido la salvación. Va a un psiquiatra dos veces por mes y está a punto de volverse loca. Por favor, ¿podrían reunirse con ella . . . hablarle . . . hacer lo que puedan para ayudarla?"

Nos dimos cuenta de que estaban desesperados porque lo pudimos ver en los ojos.

Patricia y yo estuvimos de acuerdo en que nos reuniríamos con nuestros amigos y con su hija el sábado de mañana para desayunar juntos.

Nuestros amigos casi no podían esperar a que llegara el sábado. Estaban desesperados por ayudar a su hija. Cuando terminamos el desayuno, les pedimos a los padres que nos permitieran un tiempo a solas con Sarah.

Esa hermosa joven, de veinticinco años de edad, era muy dulce y sensible. Nos dimos cuenta de que era muy inteligente. Hasta hacía poco había tenido un trabajo muy bueno como enfermera de sala de cirugía. Pero ahora estaba tan desubicada y sufría tanto que no podía trabajar.

A medida que hablamos, lentamente Sarah comenzó a abrir su corazón ante mi esposa y yo, y lo que era inevitable, la conversación pasó al asunto de su sufrimiento. A medida que indagamos más profundamente sobre su vida, compartió con nosotros la desgarradora historia.

Al poco tiempo de haber terminado sus estudios universitarios, Sarah había conocido a Caleb, un oficial de la marina, confiado y alegre. De inmediato congeniaron, comenzaron a salir juntos y muy pronto se casaron. Los dos asistían a la iglesia, provenían de buenas familias y eran seguidores de Jesús. Parecían ser la unión perfecta.

Muy poco tiempo después del casamiento, a Caleb lo trasladaron a una unidad naval en otro estado. Él y Sarah se mudaron a ese lugar, y la relación marchaba bien. Pero a los seis meses de casados, recibieron una llamada telefónica de uno de los amigos de Caleb de sus tiempos de estudiante. John tenía vacaciones y estaba ansioso por estar en un lugar donde brillara el sol. Les preguntó si podía estar en su hogar por unas semanas.

Como es natural, la joven pareja estuvo de acuerdo, y estaban felices de recibirlo. Él era uno de los amigos más cercanos de Caleb, y ellos querían mostrarle la zona alrededor de su nueva casa. Caleb decidió tomarse dos semanas de vacaciones, lo que le daría tiempo para llevar a John a diferentes lugares y jugar a los deportes, y por supuesto, darle a Sarah algo que hacer, pues en esos momentos no estaba trabajando.

La primera semana que John estuvo en la ciudad, Caleb tuvo que trabajar, así que le cayó a Sarah la responsabilidad de llevar a John a diferentes lugares. Como puede imaginarse, al principio fue una situación incómoda. Ella no lo conocía en absoluto. Pero mientras iban en el automóvil de un lugar a otro, con rapidez se sintieron compenetrados. Para el segundo día se sentían muy cómodos, y Sarah no tuvo problema alguno en mostrarle a John diferentes lugares turísticos.

Ella hizo lo mejor que pudo para hacerlo sentirse cómodo, llevándolo a hacer compras y a las hermosas playas —lo que haría cualquier persona normal. Pero a medida que se acostumbraban más el uno al otro, Sarah notó que la actitud y la atención de John estaban cambiando. Para el cuarto día, John estaba más interesado en ella que en los lugares turísticos. En forma sutil, él comenzó a coquetear con Sarah.

Al principio, ella se lo tomó a broma, de su inmadurez. Después de todo, ella no quería pensar mal del amigo de Caleb. Pero no tardó en avanzar un paso más. Al día siguiente, comenzó a hacer comentarios claros, diciéndole lo linda que era y comentando en lo sola que debía sentirse. Sarah hizo lo mejor posible para resistir los halagos, pero para el sexto día, ella estaba totalmente fascinada. Entonces fue cuando ella y John terminaron juntos en el sofá. Antes de que lo supiera, ella había hecho lo inconcebible. Mientras su esposo estaba en el trabajo, ella había cometido adulterio con uno de sus amigos más íntimos.

De inmediato Sarah supo que lo que había hecho era algo malo . . . muy malo. Sabía que tenía que hacer algo. Esa misma noche, cuando Caleb regresó del trabajo, ella perdió los estribos. Sin explicación alguna, le dijo: "Dile a John que se vaya de aquí. Envíalo a su hogar. No lo puedo soportar, y quiero que salga de esta casa."

Por supuesto que su esposo estaba confundido. Él indagó un poco, pero ella no estaba dispuesta a decirle la verdad. Cuando ella no respondió con nada más que "inquietudes" vagas, Caleb se encogió de hombros y no tomó en cuenta su pedido. Después de todo, él casi no había tenido tiempo de ver a su amigo o de hacer las cosas que ellos habían planeado.

Durante dos días, Sarah trató de persuadir a Caleb de que mandara a John de vuelta a su hogar. Pero no le dio resultado. Sin saber la historia completa, Caleb no iba a ceder. Finalmente Sarah le contó lo sucedido y confesó su culpa, sin ocultar nada. Ella sabía que lo iba a herir, pero no pudo pensar en una forma mejor.

"Perdóname," le dijo cuando estuvieron solos en su dormitorio. "Me acosté con tu amigo. Sé que hice algo malo. Sé que soy una persona horrible. ¡Te amo! Cedí, y sé que no debía haberlo hecho." Para entonces ella estaba llorando, desesperada para que su esposo la perdonara. Pero era demasiado tarde; el daño ya había sido hecho.

Caleb estaba furioso. Casi no la podía mirar. En lugar de mandar a su amigo de vuelta a su hogar como ella le había pedido, Caleb echó a Sarah de su casa, mandándola de vuelta a la casa de sus padres. Ella había sido rechazada; estaba quebrantada y llena de culpa. Y así es como la encontramos Patricia y yo —divorciada, avergonzada, sufriendo y al borde de un colapso emocional.

En medio de sus sollozos, hicimos lo mejor posible por consolarla. Era obvio que Sarah se sentía arrepentida de su comportamiento pecaminoso. Yo traté de compartir la verdad con ella y de alentarla. "Es cierto, fue horrible lo que hiciste. Es cierto, has pagado un precio muy alto por eso. Es cierto, ahora estás divorciada, sola y sufriendo. Pero no tienes que seguir sintiéndote así."

Por casi tres horas compartimos con ella versículos clave de la Biblia. Le recordamos que si ella creía en Dios, confiaba en Jesucristo y pedía perdón, podía ser limpiada.

Le recordamos lo que dice Hebreos 10:17: "Nunca más me acordaré de [tus] pecados y [tus] transgresiones." Pero ella no podía deshacerse de la culpa. Como un disco rayado, seguía repitiendo: "Pero lo hice. Sabía que estaba mal. Rompí la ley moral de Dios. Pero sabía que estaba mal, ¡y sin embargo lo hice!".

En forma repetida le respondíamos con la promesa de Dios: "Nunca más me acordaré de [tus] pecados y [tus] transgresiones."

Yo pude sentir el peso de la culpa que se había apoderado de su vida. Es la misma culpa —mezclada con vergüenza— que atormenta a mucha gente hoy.

◈　　◈　　◈

Por supuesto que todavía hay personas que afirman que todos tenemos un corazón bueno. Es bastante común que la gente crea que la inocencia y la bondad brotan desde lo profundo de cada uno de nosotros, aun desde que somos muy pequeños. De hecho, hace poco alguien me dijo: "Si usted quiere ver la esencia de la inocencia —la pureza de la vida— vaya y observe a los niños jugando en un patio de recreo."

Lo siento, pero yo no veo inocencia en un patio de recreo. Por supuesto que son lindos. Pero lo que veo es ambición, egoísmo. Los veo dar rabietas y perder los estribos. Veo la verdadera esencia de la humanidad, y no es tan lindo como muchos querrían que fuera.

Es triste, pero nuestro mundo de hoy no es lo que el Señor quiso que fuera. Nuestras vidas no son como Dios las diseñó. No actuamos como si estuviéramos hechos a la imagen de Dios. Todos somos "monstruos de depravación."

Si usted escribiera cada pensamiento que alguna vez le pasó por la mente, cada cosa que hizo, de seguro que tendría material para un éxito de librería. Piense en esto —cada comentario inapropiado acerca de sus compañeros de trabajo, cada comentario sarcástico acerca del conductor en el automóvil que va delante de usted, cada mirada en la dirección incorrecta, cada pensamiento odioso que tuvo acerca de su cónyuge o su hijo, cada idea lujuriosa acerca de un vecino o amigo. Y ¿qué diremos de aquella pequeña mentirita piadosa, o de aquello que no hizo como lo debería haber hecho; ese negocio ilegal del que nadie se enteró, o la página en Internet que visita de vez en cuando que nadie lo ve?

Si usted escribiera todo eso para que el mundo se enterara, es probable que su cónyuge lo dejara antes de que se pusiera el sol. Tal vez sus amigos dejarían de hablarle. De seguro que su suegra lo ignoraría por completo.

No dudo de que la mayoría de las personas tiene *buenas intenciones*. Pero estamos muy lejos de ser perfectos. De hecho, la Biblia describe nuestra situación de la siguiente manera: "El corazón humano es lo más engañoso que hay, y extremadamente perverso. ¿Quién realmente sabe qué tan malo es?" (Jeremías 17:9). Y "todos hemos pecado; nadie puede alcanzar la meta gloriosa establecida por Dios" (Romanos 3:23).

Aun los filósofos seculares y los ganadores del Premio Nóbel reconocen la verdad de la condición del ser humano. Muchos pintan el cuadro todavía más oscuro. Jean Paul Sartre, el gran filósofo francés (también conocido como el filósofo de la desesperación) creía que no había "salida" para el dilema de la humanidad: "El hombre . . . está solo, abandonado en la tierra . . . sin ningún otro destino que el que forja él para sí mismo en la tierra."[7] Y una vez escuché a Elie Wiesel, ganador del Premio Nóbel, decirlo de esta manera: "Miré dentro del corazón del hombre y lo que vi fue el rostro del mal."

La Biblia no enseña que el hombre fue creado pecaminoso o imperfecto. De hecho, Dios se sintió complacido cuando creó al hombre. Pero no nos tomó mucho tiempo pecar. Y hemos estado causando problemas desde aquel entonces. Cada uno de nosotros —al igual que Sarah— hemos escogido pecar. Ya sea grande o pequeño, hemos escogido hacer el mal más de una vez en nuestra vida.

Nunca esta realidad me ha sido más aparente que en los últimos años. Mientras que la economía mundial ha sido sacudida a nuestro alrededor, hemos visto con nuestros propios ojos que hombres de negocios brillantes, graduados de las universidades más prestigiosas y renombradas de los Estados Unidos, han sido encarcelados. Ya no tengo que señalar el crimen en las zonas de bajos recursos para probar mi punto. Lo único que tiene que hacer es mirar a los hombres de la Bolsa de Comercio que han sido procesados. Estas son personas educadas y que tienen una profesión. Deberían haber actuado correctamente; todos nosotros debemos actuar correctamente.

Pablo, el escritor del libro a los romanos, lo dice de esta forma: "El problema no es con la ley, porque la ley es buena y espiritual. El problema está en mí, porque soy demasiado humano, un esclavo del pecado. Realmente no me entiendo a mí mismo, porque quiero hacer lo que es correcto pero no lo hago. En cambio, hago lo que odio" (Romanos 7:14-15).

Todos somos pecadores y todos somos codiciosos. La educación no quita esto de nuestra vida. Una crianza buena no nos cura. Asistir a la iglesia no nos sana. Nuestra naturaleza pecaminosa está arraigada mucho más profundamente en nosotros.

Cuando entendemos esta realidad, debemos reconocer a lo que nos enfrentamos, y en qué condición nos deja: nos sentimos culpables y no podemos deshacernos de esa culpa, al igual que Sarah.

◈   ◈   ◈

Como evangelista, viajo mucho. Me parece que siempre estoy en un avión. A través de los años, me he encontrado sentado al lado de un buen número de psicólogos, psiquiatras, consejeros, doctores y terapeutas. Me encanta. Cuando me encuentro al lado de alguien que está en el campo de la psicología, le tengo que preguntar: "¿Cuál es la razón número uno por la cual la gente va a verlo?". (Si no es por ninguna otra razón, siento curiosidad por saber por qué la gente gasta dinero para contarle a un extraño sus problemas.)

Nunca falla. En más de cuarenta años de formularles esta pregunta a los profesionales que trabajan en el campo de la salud mental, la respuesta es siempre la misma. ¿La razón de 80 por ciento de los casos que atienden? *¡Culpa no resuelta!*

Eso me resulta fascinante y a la vez triste. La razón número uno por la cual la gente va a ver a consejeros, psicólogos y terapeutas —el porqué gastan sumas de dinero exorbitantes para sentarse y hablar con una persona extraña— es debido a culpa que no ha sido resuelta. ¿Por qué? Porque sabemos que tenemos un problema, pero no sabemos cómo resolverlo. Lo escucha en las palabras del apóstol Pablo. Fíjese en ellas otra vez:

"Quiero hacer lo que es correcto pero no lo hago. En cambio, hago lo que odio."

En esencia, todos tenemos un cáncer espiritual que nos carcome. En lo más profundo de nuestro ser, tenemos un problema —un espíritu muerto y una conciencia que nos remuerde. Si eso no se resuelve, lleva a la desesperación. Es por eso que muchas personas beben. Es por eso que muchos se drogan, maltratan a las personas con las que se relacionan, comen en exceso o se esconden emocionalmente de otros. Están tratando de ocultar su dolor.

Y ¿qué diremos de usted? ¿Dónde lo ha dejado su pecado, su sentimiento de culpa sin resolver?

A Sarah la había dejado destrozada y sufriendo. Y no fue sólo su pecado el que le arruinó la vida. Ella llevaba sobre los hombros el peso de muchos pecados —el que su esposo no estuviera dispuesto a perdonarla, los deseos incontrolados y lujuriosos de John y su propia decisión de dejar de luchar. Sarah no tuvo el lujo de poder ocultar su pecado. Sus secretos estaban a la vista de todo el mundo, y el dolor era insoportable.

◈   ◈   ◈

Desafortunadamente, millones de personas en el mundo comparten la incertidumbre, vergüenza y culpa de Sarah. ¿Por qué? Porque están confiando en sus propios esfuerzos para entrar al cielo. Esta clase de pensamiento se ha filtrado en todas las religiones, incluyendo el cristianismo tradicional (que no es bíblico).

Desde el momento en que Adán desobedeció a Dios en el jardín del Edén, hemos estado buscando una manera de cubrir nuestros pecados y de limpiar nuestra conciencia. Queremos hacer lo bueno, pero fracasamos terriblemente. Buscamos la sanidad, pero encontramos la culpa. Luchamos de corazón para saber lo que se requerirá —lo que debemos hacer— para encontrar la verdadera sanidad para nuestro dolor. Le oramos a Dios. Y Dios siempre ha respondido: "No hay nada que puedas hacer. Debes confiar en mí y dejar que yo lo haga por ti."

Sarah podría haber asistido a sesiones de consejería durante años, y es probable que eso la hubiera ayudado a cierto nivel. Pero lo que ella necesitaba aquel sábado de mañana —por lo que su corazón en realidad estaba clamando— era que Jesús se manifestara en su vida. Ella necesitaba al Médico por excelencia, el único que quiere y que *puede* quitar completamente de su conciencia la vergüenza y la culpa, el único capaz de ofrecer verdadera sanidad. Y lo cierto es que él ha estado allí todo el tiempo. Yo supe exactamente a quién acudir.

Busqué en mi Biblia 1 Pedro 2:24. Mirando directamente a Sarah, a sus ojos llenos de lágrimas, le dije con toda la confianza, la fuerza y el amor que pude demostrar: "Sarah, *tienes que* escuchar esto."

Entonces, comencé a decirle con lentitud y metódicamente: "Sarah, esto es lo que dice la Biblia: 'Él *mismo* [Jesús] cargó nuestros pecados sobre *su* cuerpo en la cruz, para que nosotros podamos estar muertos al pecado y *vivir para lo que es recto. Por sus heridas, son sanados.*'"[8]

Dejé que las palabras le penetraran. Patricia y yo oramos que las recibiera. Eran exactamente lo que Sarah necesitaba escuchar. Dios mismo había llevado nuestros pecados y había sufrido el castigo. La vergüenza, el dolor, la maldad habían sido clavados en la cruz. Los pecados de Sarah —si ella realmente escogía poner su fe en Jesús— ya habían sido borrados. El sacrificio del Señor era más que suficiente. Y por sus heridas ella había sido sanada.

A medida que las palabras de 1 Pedro le penetraban en la mente, la expresión del rostro de Sarah comenzó a suavizarse. Yo me di cuenta de que lo estaba entendiendo.

"Sarah, Jesucristo murió por ti. Él sacrificó su vida para quitar tus pecados; dio su vida para limpiar tus pecados. Está disponible para ti. ¡Está a tu disposición todos los días! Él te está esperando. Y todo lo que tú tienes que hacer es responder y pedirle que te perdone, y verás que la culpa desaparece. Él nunca más recordará tus pecados y tus transgresiones."

Lo pude ver en sus ojos que finalmente se había dado cuenta. Con los ojos llenos de lágrimas, Patricia y yo la guiamos en oración, y ella le abrió el corazón a Jesús. Por primera vez desde que la conocimos, vi que la esperanza volvía a su vida.

◈   ◈   ◈

Uno o dos meses después de esa vez que hablamos con Sarah, mientras reflexionaba en aquel día, recordé un hermoso florero que sus padres tenían de adorno, y pensé en una analogía que podría haber ayudado a Sarah a ver la verdad.

El florero, según recuerdo, era en realidad muy bello y delicado, y su artesanía era maravillosa. Los grabados eran de primera clase y los colores, vibrantes. Se notaba que el alfarero había invertido tiempo en esa pieza, y la artesanía era obvia.

Con los ojos de la mente, me imaginé a ese precioso florero cubierto de barro, como si hubiera sido tirado en una pila de basura. Todavía era el mismo hermoso florero —con sus diseños intricados, un tesoro, una obra única—, pero su belleza ahora había sido oscurecida por el lodo y la suciedad.

En un sentido, cuando pecamos, todos somos como ese florero. La Biblia dice que somos una creación admirable y maravillosa (Salmo 139:14), pero todos hemos sido manchados y ensuciados por la tierra y la profanación del pecado. Separados de Dios, nos hemos cubierto de barro; nos hemos dejado enredar en la fealdad y el dolor. Nuestra verdadera belleza y nuestro propósito han sido cubiertos por años de comportamiento egoísta y destructivo. Y no podemos vernos a nosotros mismos más allá de la suciedad.

Pero el Señor es poderoso. Él está listo y quiere limpiarnos —restaurarnos a la belleza original que él diseñó para nosotros. Él ya ha hecho el trabajo de sanidad en la cruz, y está esperando para darnos la bienvenida a su familia y hacernos criaturas nuevas.

¿Qué es lo que Dios tiene para ofrecerle a alguien como Sarah? ¿Qué es lo que Jesús tiene para ofrecerle a usted? Es simple, y sin embargo profundo. Él nos ofrece ser libres de culpa —perdón total cuando de verdad nos arrepentimos y le confesamos nuestros pecados.

Aquí es donde Jesucristo se muestra con tanta magnificencia. Enfrentémoslo: la razón principal por la cual la raza humana está en problemas —por qué hemos ido a la guerra tantas veces, por qué hay tantas familias destrozadas— es debido al asunto de la culpa sin resolver. No hay duda de que los consejeros profesionales pueden indicar dónde comenzó el problema; pueden ayudarlo a que se calme con alguna clase de píldora o procedimiento. Pero sólo Jesús puede quitar la culpa para siempre. Eso es lo que vino a hacer en la cruz, donde fue crucificado para pagar por nuestra culpa.

La promesa es clara, y todos la hemos escuchado. Jesús "se ofreció a sí mismo a Dios como sacrificio perfecto por nuestros pecados" para purificar "la conciencia de acciones pecaminosas para que adoremos al Dios viviente" (Hebreos 9:14). Pero eso no es todo. El escritor también nos recuerda que Dios dice:

"Nunca más me acordaré de sus pecados y sus transgresiones" (Hebreos 10:17). Esa es una promesa bien directa de Dios para todos los que ponen su fe en Jesucristo y en su muerte en la cruz. Es tan cierta para usted como lo fue, y lo es, para Sarah.

No hay razón para seguir viviendo con culpa. Es destructivo e innecesario. Jesús no sólo murió por todas nuestras transgresiones, sino que las ha echado en el foso más profundo. "[Él] llevó nuestros pecados tan lejos de nosotros como está el oriente del occidente" (Salmo 103:12). Como solía decir Corrie ten Boom: "Cuando confesamos nuestros pecados, Dios los echa en la parte más profunda del océano; se han ido para siempre. . . . Y creo que entonces Dios coloca allí un cartel que dice: NO SE PERMITE PESCAR."[9]

Han pasado más de quince años desde que mi esposa y yo tuvimos esa conversación con Sarah. Hoy, ella es una persona totalmente transformada. Conoció a un joven de su iglesia —un hombre devoto que había visto cómo Dios había obrado en su vida— y se casaron. Tienen un matrimonio hermoso y un hijito precioso. Canta en el coro de su iglesia. Es algo maravilloso. La terapia de Dios es terapia divina. Es "la paz de Dios, que supera todo lo que podemos entender" (Filipenses 4:7). *¡Y es real!*

Ya sea que su historia sea similar a la de Sarah o no, tal vez no sea menos dolorosa. Pero le aseguro que si está luchando con un enorme sentido de culpa, hay esperanza. Si se está preguntando hacia dónde va su vida, hay una dirección que puede encontrar. Usted tiene la respuesta, y esa respuesta se encuentra en Jesucristo. Todo lo que tiene que hacer es aceptar su perdón momento a momento y ver hacia dónde él lo guía.

6

EL LUGAR DONDE DE VERDAD
SE ENCUENTRA SU AUTORIDAD

Algunos dicen que la vida verdadera comienza sólo cuando usted empieza a creer en sí mismo. Eso no es verdad; en realidad, G. K. Chesterton lo expresó mejor cuando escribió: "Yo sé de hombres que creen en sus propios fuerzas mucho más que Napoleón o César. . . . Puedo conducirle al trono de los superhombres. Los que creen de verdad en sí mismos están todos en asilos para lunáticos."[10]

Es verdad. Mucha gente desafortunada, confundida e inestable mentalmente tiene una opinión bastante alta de sí misma. No dice nada acerca de lo exitosos, felices o realizados que son en la vida. Al contrario, la vida real se vive cuando usted se da cuenta de que, por sí mismo, no tiene nada que ofrecer. La verdadera satisfacción llega cuando usted por fin entiende la forma en que el mundo en realidad funciona y se somete a la autoridad correcta —a aquel que de verdad lo conoce. Él es su Creador —el Dios Todopoderoso.

Si vamos a considerar seriamente esta discusión sobre la "autoridad," debemos tener una base desde la cual trabajar. Necesitamos un fundamento. Hoy en día puede ser difícil. Para mí, me mantengo firme en la Biblia. Confío en que es la autoridad final. Pero sé que no es así para todo el mundo. Tal vez la Biblia sea un problema para usted. Y si es así, no está solo.

Hace varios años, tuve la oportunidad de reunirme con unos doce pastores en una ciudad europea occidental en la cual yo estaba participando en una campaña. Decir que me horroricé por lo que hablamos tal vez sea un poco fuerte, pero por cierto que me quedé sorprendido. Por lo menos la mitad de esos pastores no aceptaba la autoridad y la suficiencia de la Palabra de Dios.

Algunos dijeron que creían que varios pasajes de la Biblia eran erróneos. Otros admitieron que se sentían incómodos con partes de la Biblia, y los racionalizaban como "poco científicos."

¿Debe sorprendernos que en algunas partes del mundo las iglesias estén en tantos apuros? ¿Quién quiere escuchar a un pastor que no cree que la Biblia es la Palabra de Dios? ¿Dónde se encuentra la autoridad de esa persona?

Lo mismo es cierto en cuanto a los creyentes. Cuando el documento que es tan preciado para nosotros es tratado como una historia de la cual usted escoge la parte que le guste, ¿por qué cree que el mundo nos llama hipócritas? Cuando nos saltamos algunas partes de la Biblia y otras partes las omitimos por completo, ¿cómo esperamos que la gente acepte las partes que hemos decidido usar? No tiene sentido.

Tal vez usted está en el mismo lugar que esos pastores. Con tantos críticos por todos lados, es difícil no prestar atención a algunos de sus argumentos en contra de la autoridad de la Biblia. Pero para ser franco, no son válidos.

Siempre me sorprende escuchar de la cantidad de creyentes que casi nunca leen la Palabra de Dios. Claro que llevan la Biblia cuando ocasionalmente van a la iglesia. La llevan debajo del brazo, o en el hogar la tienen a la vista sobre la mesita de café de la sala. Pero no saben qué pasajes buscar cuando necesitan aliento o guía. En realidad no creen que sea un libro que nos guíe para vivir. Después de todo, si lo hicieran, ¿no estarían leyendo ávidamente sus páginas todos los días?

Estoy convencido de que cada uno de nosotros debe darle a la Palabra de Dios —la Biblia— la atención que merece. No sólo es el éxito de librería de todos los tiempos, sino que ha ejercido influencia en todas las culturas; ha formado líderes, definido sociedades y cambiado dramáticamente la vida de millones de personas alrededor del mundo. Cuanto más la escudriñe, tanto más se dará cuenta de su poder.

La Biblia es una de las obras literarias más bellamente escritas, históricamente correctas y que apelan más a los sentimientos humanos a que tiene acceso la humanidad. Muchos de mis amigos ateos también están de acuerdo con eso. Pero no le dan el valor que merece, y yo creo que en realidad están perdiendo mucha de su verdadera belleza.

Lo cierto es que la Biblia nos ofrece discernimientos profundos sobre nuestra existencia, perspectiva para nuestra vida y valores morales que, cuando los seguimos, revolucionan el mundo. El cristianismo ha probado su relevancia y poder en todas las culturas y niveles de la sociedad. ¿Y por qué es eso? Porque todo eso señala a una persona —Jesucristo.

Pero tal vez usted todavía no está convencido.

En cuanto a mí, no tengo ninguna duda en la mente de que la Biblia es verdad, que es correcta e inspirada por Dios. No tengo dudas acerca de lo que afirman los cristianos cuando dicen que la Biblia tiene el poder de transformar vidas. Cuando usted acepta la Palabra de Dios en su totalidad y comienza a vivir de acuerdo a sus instrucciones, ¡su vida será transformada!

Mi amigo David Hall es un ejemplo perfecto. Durante muchos años, él "creyó" en Dios y ocasionalmente leía la Biblia. Aunque hubiera dicho que era creyente, no actuaba según esa creencia en su vida diaria. No la necesitaba para las cosas que hacía todos los días . . . según pensaba. Y para ser franco, él tenía muchas reservas en cuanto a la relevancia de la Biblia en su vida.

David era un hombre que había surgido por su propio esfuerzo —exitoso, fuerte, respetado y encantador. Si quería que algo estuviera hecho, lo hacía él mismo. Competía con el mundo y siempre ganaba. Y eso le gustaba mucho. Así que ¿para qué necesitaba a Dios?

No fue hasta que él y su esposa, Katherine, tuvieron hijos —dos hermosas niñas— que él en realidad comenzó a pensar en Dios. A medida que las hijas crecían, David decidió que ellas "necesitaban una religión." Aunque no era algo para él, sería bueno para ellas. Él y Katherine comenzaron a asistir a la iglesia. Y mientras David estaba sentado en la iglesia todos los domingos, escuchando la proclamación de la Palabra de Dios, comenzó a sentirse culpable. Lentamente comenzó a escudriñar más profundamente en las Escrituras, y comenzó a formular preguntas fundamentales. Empezó a buscar, y lo que encontró fue sorprendente.

A medida que David leía la Biblia, se sorprendió mucho por su exactitud. Al leer pasajes sobre la condición del hombre, supo que estaba leyendo sobre sí mismo, su quebrantamiento y sus imperfecciones. Pero también se enfrentó con las poderosas promesas de cambio. Y aún más, sintió un desafío: "¿Y qué si todo esto es verdad?".

Por más de dos años, David asistió a la iglesia y escuchó los mismos mensajes basados en la Biblia, que continuamente lo llamaban al arrepentimiento y a una vida santa. No podía negar su validez. Pero luchó con eso. Si lo aceptaba, tendría que cambiar su vida, sus prioridades y sus valores. Se le exigía demasiado. Así que con una sonrisa en los labios, siguió asistiendo a la iglesia, ponía algunos pesos en el plato de la ofrenda y vivió en silenciosa rebelión contra Dios. Pero lo carcomía por dentro.

Durante esos dos años, Dios estaba obrando en la vida de David. Su espíritu competitivo lo estaba abrumando. Se estaba dando cuenta —en lo más profundo de su ser— de que en realidad no era feliz. Cuando evaluó su vida, comenzó a darse cuenta de sus defectos. ¿Cuál era el primero de la lista? Su centro de atención en el poder, la riqueza, el respeto y la envidia. Él sabía que lo que eso le daba era vano. Y no podía sacarse de la mente las poderosas palabras de Dios que escuchaba todas las semanas. Se sentía perseguido.

Finalmente, un día David llegó a la iglesia y encontró cámaras de televisión por todo el auditorio. Se entusiasmó pensando que tal vez un líder de negocios hablaría esa mañana. Estaba contento esperando que otro hombre de éxito que ha triunfado por sus propios esfuerzos, como él, compartiera algunos discernimientos que tal vez lo podrían ayudar a reconciliar lo que estaba leyendo. En cambio, fue un evangelista argentino (yo) el que se estaba preparando para desafiarlo con las Buenas Noticias de Jesucristo. David no estaba muy entusiasmado cuando yo me acerqué al púlpito.

Cuando David cuenta la historia, la relata con humor. Pero lo que sucedió aquel domingo de mañana no es asunto de risa. El mensaje que compartí fue directo. Y era precisamente lo que David necesitaba escuchar. No más jueguitos; no más luchas; sólo una vida honesta, entregada a Jesucristo. David estaba listo para cambiar. Ese fue el comienzo de un nuevo día para él, porque entregó su vida completa a Jesucristo. Desde entonces, el cambio de David ha sido radical.

A medida que David miraba su vida con nuevos ojos, comenzó a darse cuenta de lo confuso y desorientado que estaba. Sus prioridades eran completamente opuestas a lo que enseña la Biblia. Sus actitudes y sus acciones hacia otras personas eran completamente pecaminosas. A través de la obra del Espíritu Santo, el Señor comenzó a enseñarle a David su necesidad de tenerles compasión a los menos afortunados. Aprendió a mirar a otros no como competidores sino como vecinos —individuos que necesitaban el amor y el perdón de Dios tanto como lo había necesitado él. Se dio cuenta de que había otras formas de ganar que simplemente derrotando a los competidores. Y llegó a la poderosa conclusión de que su dinero y sus posesiones eran simplemente cosas que le había dado Dios. Pero tal vez lo más importante de todo, el Señor le mostró a David que buscar la voluntad de Dios era mucho más importante que alimentar su propio ego. Y eso solo resultaría ser revolucionario en su vida.

Hoy, David es uno de los hombres más compasivos, sinceros y llenos de amor que he conocido. ¿Es todavía competitivo? Por supuesto. (Principalmente en los deportes.) Pero su pasión por la gente y su amor por la Palabra de Dios son indiscutibles. Su familia es excelente; su esposa es maravillosa. Su legado alcanza a muchos, y su testimonio del Señor es poderoso. Muchos hombres jóvenes impulsados por el éxito lo buscan para que los aconseje, ore con ellos y los guíe. David tiene un don para estas cosas.

Hoy, David es presidente de la junta de directores de nuestro ministerio evangelístico. Él ha ayudado a alcanzar a millones de personas con el mismo mensaje que lo transformó hace muchos años, el mensaje que puede cambiar vidas. Es muy activo en su iglesia, y dirige tres estudios bíblicos por semana. Él y su esposa son dos testigos de Jesús ejemplares, y sus dos hijas (ahora adultas y casadas) viven vidas tan poderosas como la de él. Todavía tiene mucho éxito en sus negocios. Todavía toma su trabajo con mucha seriedad. Pero lo que lo define —lo que le da su valor— es Jesucristo, su Señor y Salvador. Lo que lo guía es la Biblia.

Antes, las prioridades de David eran la felicidad y el éxito, junto a su esposa e hijas. Hoy, sus prioridades son Dios, su esposa y sus hijas (y nietos), seguidas por el éxito en los negocios. Y lo que es de notar . . . con los negocios y el éxito financiero en el lugar en que deben estar, ahora tiene mucho más que antes.

Por años, David creía que la Biblia era verdad. Por años él tenía conocimiento intelectual acerca de Dios, pero en realidad no lo *conocía*. En realidad no actuaba según su decisión de seguir a Dios. Después de todo, una cosa es decir que se sigue a alguien y otra es hacerlo.

◙   ◙   ◙

Creo verdaderamente que la forma en que usted ve y entiende las Escrituras tiene una correlación directa a la vida que vive. David es un ejemplo de esa realidad. Si usted valora lo que enseña la Biblia y realmente vive según sus pautas, le irá bien. Si no lo hace, le garantizo que su vida no va a ser buena. Sin importar lo exitoso que pueda ser en el mundo de los negocios, su vida no estará completa.

Sólo cuando usted comienza a entender su verdadera humanidad y la compara a la divinidad de Dios es que ve de qué se trata la vida —vivir bajo la sombra de Dios, debajo de sus alas, bajo su autoridad. Y la Biblia es la clave de esa historia. La Biblia le indica la dirección correcta. Le da una perspectiva de testigo ocular sobre la vida de Jesús y le muestra, paso a paso, la forma de tener una relación totalmente transformadora con él. Pero usted debe decidir confiar, obedecer y actuar siguiendo su guía.

◈　　◈　　◈

A través de los años, he escuchado a muchas personas poner en tela de juicio la fiabilidad de la Biblia. "¿Cómo se puede confiar en algo que ha creado el hombre?," preguntan. Bueno, ¿por qué no nos fijamos en la evidencia? Estos son sólo algunos de los hechos que se deben considerar antes de que escudriñemos más a fondo la realidad y las acepciones de las Escrituras. Después de todo, si la Biblia va a ser nuestra autoridad final, es mejor que sepamos cuál es nuestra posición sobre esto.

Hoy en día, tenemos más de 5.300 manuscritos griegos del Nuevo Testamento y unas 10.000 versiones latinas de la Vulgata (versiones latinas tempranas de la Biblia), y otras 9.300 versiones tempranas. Eso quiere decir que tenemos más de 24.000 copias de manuscritos de porciones del Nuevo Testamento.[11] Compare eso a la cantidad de famosos registros históricos que consideramos fieles —tales como *Comentario de la guerra de las Galias* de César, *Historia natural* de Plinio el Viejo o *Historia* de Tucídides—, y la evidencia de estos manuscritos palidece en comparación. Los primeros manuscritos del Nuevo Testamento, que datan de unos pocos años después de los originales, reflejan un grado poderoso de fiabilidad y exactitud.

Hoy también tenemos muchos manuscritos que apoyan la fiabilidad del Antiguo Testamento. En estos se incluyen Los manuscritos del Mar Muerto (que se descubrieron en el año 1947), y datan del año 150 a.C. Aún más, muchos eventos, gente, lugares y costumbres del Antiguo y del Nuevo Testamento son confirmados por historiadores y por científicos seculares. Arqueólogos confiables, seculares, que no son creyentes, están de acuerdo en que la Biblia es un documento notablemente histórico. Y los nuevos descubrimientos de hoy en día continúan probando su confiabilidad.

En cierta época, algunos científicos creían que el libro de Daniel tenía que ser falso porque se refería a un rey del que nadie había oído hablar —el rey Belsasar. Pero entonces, los arqueólogos encontraron evidencia de un rey con ese nombre. Lo mismo es cierto en cuanto al tamaño de la ciudad de Nínive, localizada en el país que hoy conocemos como Irak.

En un tiempo, los eruditos, los científicos y los arqueólogos creían que todo el libro de Hechos era producto de información equivocada de segunda mano. Sir William Ramsay, reconocido como uno de los más grandes arqueólogos de todos los tiempos, en forma muy meticulosa viajó a través de Asia Menor buscando refutar lo que afirmaba el libro de Hechos de una vez por todas. Después de meses de trabajo, no le quedó más que admitir lo contrario de lo que había creído por tanto tiempo y llegar a la conclusión de que el libro no sólo había sido escrito durante el primer siglo, sino que debía ser considerado como una fuente verdaderamente confiable y fidedigna. Y la lista podría continuar.

Considere un libro con esa clase de reputación, confiabilidad, exactitud histórica y que ha durado tanto tiempo, ¿y no pensaría usted que es digno de que miremos detenidamente lo que dice? Yo creo que nos sería muy conveniente usarlo como nuestra guía diaria para vivir. Y sin embargo, ¿cuántos hacemos eso?

❖   ❖   ❖

La autoridad de las Escrituras es uno de los asuntos más antiguos y más discutidos de la humanidad; sin embargo, siempre resiste la prueba.

Cuando escucho a gente que pone en tela de juicio si la Biblia es la Palabra de Dios, no puedo dejar de preguntarme si su problema es cómo ven a Dios y no sobre la misma Biblia. ¿Creen que Dios es demasiado pequeño? Después de todo, si Dios es Dios, ¿no escribiría un libro que no contiene errores? ¿No podría hacer algo así? Por supuesto que lo podría hacer, ¡y lo ha hecho!

Si Dios no pudiera escribir un libro perfecto, entonces ¿por qué deberíamos usted o yo confiarle a un Dios así nuestra vida? Debemos aceptar la Biblia como *su Palabra* y tratarla como su valiosa Palabra *todos los días*. El apóstol Pablo nos enseña que "toda la Escritura es inspirada por Dios y es útil para enseñarnos lo que es verdad y para hacernos ver lo que está mal en nuestra vida. Nos corrige cuando estamos equivocados y nos enseña a hacer lo correcto" (2 Timoteo 3:16-17).

Para mí, la evidencia es demasiado sobrecogedora para pasarla por alto, y las implicancias son maravillosas. La Biblia es la Palabra de Dios. Y pasar tiempo en su Palabra es fundamental para una transformación verdadera. Es así de simple. Lo insto a que le dé a la Biblia —La Palabra de Dios para la raza humana— una oportunidad de hablarle a usted personalmente.

Hay varios libros ahora en la lista de éxitos de librería del periódico *New York Times* que la gente dirá que han transformado su vida. Ya sea un libro de autoayuda, un manual para la crianza de los hijos, una novela o una biografía —la palabra escrita tiene el poder de impactar vidas, y lo ha hecho por años. Así que, ¿por qué es tan absurdo creer la misma realidad sobre la Biblia? ¿Por qué deberíamos darle a cualquier otro libro más crédito?

Le digo ahora —con firme convicción— que la Biblia tiene el poder de transformar a la gente de maneras radicales. Lo he visto, y lo he experimentado personalmente. Y permítame decirle, supera totalmente a cualquier otro éxito de librería.

Usted puede leer todos los libros de autoayuda que quiera. Puede leer a los grandes y famosos filósofos de la historia. Pero ninguno será tan poderoso ni le dará las bases que le da la Biblia. En verdad es *el* manual para vivir. Y permanece como nuestra autoridad más grande y nuestra guía porque nos señala a Jesucristo, nuestra más importante autoridad y guía.

Para aumentar su conocimiento de Dios, para caminar con él, para disfrutar de su compañerismo, para que él lo use —usted tiene que prestarle atención a la Santa Palabra de Dios. Y por favor, no cuente con que otras personas le citen la Biblia —o se la *citen incorrectamente*. Usted debe leer la Biblia por sí mismo. Debe creer y obedecer la Biblia. ¡Entonces disfrute de lo que le ofrece! Su contenido es verdaderamente asombroso.

Tal vez ha llegado la hora de que le quite el polvo a ese Buen Libro que tiene en su mesita de luz. Tal vez es hora de que comience a escudriñar la Biblia, a separar algún tiempo y ver lo que Dios quiere enseñarle. De seguro que encontrará riquezas en sus páginas, si le da tiempo. Y si no sabe dónde comenzar, le doy dos sugerencias:

- *El libro de Proverbios*. Con sus treinta y un capítulos —uno para cada día del mes—, este libro es una adición perfecta a una lectura diaria. Mi padre me enseñó esto cuando yo era un niño pequeño. Yo he seguido su ejemplo desde aquel entonces. Proverbios habla de todos los aspectos básicos que se puedan imaginar sobre la vida —el amor, la crianza de los hijos, el dinero, las relaciones sexuales, Dios, las relaciones. Da instrucciones sobre los negocios, las leyes públicas, el gobierno y la familia. Es el mejor consejero del mundo. ¡Y es gratis!

- *El Evangelio de Juan.* Yo creo que este es el libro de la Biblia más claro y fundamental sobre lo espiritual. Fue escrito por uno de los discípulos más cercanos de Jesús, un hombre que caminó con él durante todo su ministerio. Juan entendió con toda claridad quién es Jesús y qué es lo que ofrece. La perspectiva de Juan en este Evangelio es única y poderosa, y desafiará su vida todos los días. Su objetivo es claro, y le hablará profundamente cada vez que lo lea con atención.

Si usted llega a ser experto en estos dos libros, practicando diariamente lo que le enseñan, le prometo que estará camino a llegar a ser un campeón de la fe. Por supuesto que esto tomará tiempo. Y sí, tendrá días en que se sentirá frustrado. Pero no olvide que vivimos en un mundo arruinado. Nada será perfecto. Pero por favor, no se desaliente. Hay esperanza, y la Biblia se la presenta.

Si después de haber escudriñado las Escrituras por sí mismo todavía tiene luchas, pídale ayuda a un pastor de una iglesia local que verdaderamente cree en la Biblia. Participe en un estudio bíblico con amigos. Busque a algunas personas que comiencen a guiarlo, que lean la Biblia con usted y que le muestren lo que es estudiar la Biblia a diario. Deje de lado su orgullo, y con humildad pida ayuda. Pídale a Dios que lo guíe a medida que lee la Biblia. Aprenda de memoria pasajes bíblicos. Haga lo que dice la Palabra. (Jesús dijo en Juan 14:15: "Si me aman, obedezcan mis mandamientos.") Y entonces observe cómo trabaja. ¡Es la Palabra de Dios y el poder de Dios! ¿Qué más necesita?

7

CORONA EN VEZ DEL POLVO

En 1996, cientos de iglesias de una ciudad importante de Sudamérica me invitaron a realizar una cruzada evangelística en ese lugar. Como sucedía con todas nuestras campañas, incluyó meses de preparativas, un enfoque estratégico en capacitación y predicación evangelística a tantas personas como fuera posible. Trabajamos con líderes locales durante varios meses, haciendo planes para una estrategia específica. Miles de personas ya habían sido capacitadas para usar el festival, y los eventos alrededor de él, para alcanzar a sus amigos y vecinos. La propaganda por televisión y radio saturaba los medios de comunicación. Autobuses y carteleras al costado de los caminos llevaban el mensaje a toda la ciudad.

Los medios de comunicación estaban pidiendo entrevistas e información más detallada. Pero durante la semana previa a la fecha del festival, centré la atención en un programa de televisión de entrevistas en vivo, en el cual las personas hacen llamadas telefónicas. Era algo que me encantaba. Pasamos el programa en esa región en tantos canales como pudimos, y yo pasé una hora o más todas las noches respondiendo a preguntas de carácter espiritual provenientes de personas que tenían problemas. El programa se tituló *Luis Palau responde*, y se había convertido en una parte básica en nuestras campañas, y las llamadas siempre eran interesantes.

Ninguna parte del programa se hacía con libretos. Era sólo yo, un teléfono, una Biblia y una cámara de televisión. Yo contestaba las llamadas, respondía a las preguntas lo mejor que podía y trataba de guiar a los que llamaban hacia Jesucristo, su Salvador. No era algo complicado, pero a veces sucedían cosas imprevistas.

La gente llamaba con las preguntas más increíbles y con asuntos serios que la preocupaban. Llegué al punto en que nada me sorprendía. La gente llamaba y sacaba a la luz lo que había en su corazón, allí mismo, a la hora de más audiencia televisiva, ante miles de televidentes. Hablaban de pensamientos suicidas, infidelidad, adicciones, y de sus terribles y patentes pecados.

Una noche en particular, no nos quedaba mucho tiempo en el programa. Yo había contestado llamadas por casi una hora, respondiendo a las preguntas de varias personas interesantes. Me sentía agotado —emocional y físicamente. Pero en el instante en que escuché la voz de la mujer, supe que esta llamada sería diferente.

Para proteger su derecho a la privacidad, la llamaré Ingrid.

—Luis, necesito que me aconseje —dijo en voz suave y que no demostraba exigencias—. Tengo veinte años de edad y he estado haciendo cosas malas. Estoy teniendo relaciones sexuales con hombres casados y no puedo parar; no quiero parar. Pero a esto ha llegado mi vida. He estado leyendo el libro *El sexo y la juventud*, y sé que lo que estoy haciendo está mal. Pero no tengo ni el deseo ni la fuerza para cambiar.

Y compartió su historia.

Admitió haber tenido relaciones sexuales con varios hombres casados. Era algo que le gustaba. Especialmente disfrutaba de la intimidad.

—Pero esos hombres no te aman —le dije—. Sólo quieren usarte. Si sigues en este camino, Ingrid, terminarás siendo una mujer amargada de cuarenta años de edad, con muchos hombres en tu pasado pero ninguno en el presente. Necesitas dejar a esos hombres.

—Pero les gusto a ellos —insistió.

—¿Quieren casarse contigo?

—No.

—Eso es cierto; sólo quieren usarte.

Me di cuenta de que no la estaba convenciendo. Parecía estar alejándose.

—Me gusta usar faldas cortas —me dijo de repente—. Me gusta verme bien. Pero la gente me dice que estoy buscando problemas.

Parecía estar buscando excusas. Pensé que tenía que indagar un poco más profundo.

—Cuéntame acerca de tu familia —le dije—. ¿Qué me dices de tus padres? ¿Qué piensan ellos de todo esto?

De inmediato me di cuenta de que le di en el clavo. Y supe que ella estaba haciendo lo más posible por contener las lágrimas.

—No tengo familia —me dijo suavemente—. Mi mamá me regaló cuando yo tenía cinco años.

No pudo contener más el llanto. Entre sollozos, compartió toda la triste historia. Su madre la había abandonado. Ella no conocía a su padre. Su familia adoptiva la trataba mal. Sus hermanos la habían abusado sexualmente. Y las repetidas violaciones finalmente la dejaron indiferente, enojada y buscando el amor en otros hombres. A los dieciocho años, ella tenía relaciones sexuales con varios hombres mayores. Pero su estilo de vida ahora la estaba afectando mucho.

"No eres feliz, Ingrid. ¿No es verdad?"

Su llanto no la dejó responder.

"Ingrid, tú necesitas un nuevo corazón. Necesitas a Jesús. Él ofrece perdón. Él quiere darte nueva vida."

Me di cuenta de que todavía estaba resistiendo.

"Ingrid," le dije con el tono de voz más amistoso que pude usar, "la Biblia dice en el Salmo 27:10 que 'aunque mi padre y mi madre me abandonen, el Señor me mantendrá cerca.' Tus padres te han abandonado, pero Jesús no te abandonará. ¡Él *no* te ha abandonado! Tú estás buscando el amor verdadero, pero no lo vas a encontrar en esos hombres. No lo vas a encontrar en este mundo. Sólo lo encontrarás en Dios."

Se me partió el corazón por esa joven.

"Ingrid, Jesús puede hacerte una persona nueva," le dije. "Él puede limpiarte. Él te puede cambiar . . . si tú quieres que él lo haga. Dios tiene un plan para ti, y tú no eres un accidente. Es el propósito de Dios que tú estés aquí. No es lo peor que podría haber pasado; lo peor es no haber nacido y nunca haber conocido esta vida. Tú puedes encontrar significado, propósito y dirección por medio de Cristo, Ingrid. Puedes dejar el pasado atrás. Tan feas como hayan podido ser, las experiencias que has tenido son nada comparadas a lo que viene para ti si escoges caminar con el Señor. Puedes en realidad cambiar totalmente tu vida y hacer de ella algo bello y redentivo."

No supe si su silencio era un signo de convicción o de apatía.

Le rogué que dejara que Jesucristo entrara a su vida —que dejara que la hiciera una nueva persona. La desafié lo mejor que pude, y dejé la decisión en sus manos.

Entonces fue cuando ella en verdad aceptó a Jesucristo por quién él es —el Señor y protector de su vida. Vivo en la televisión, la guié en una oración de arrepentimiento y perdón. A través de las lágrimas, Ingrid le oró a Jesús, reconociendo quién él es, pidiéndole que fuera el Señor de su vida.

Con eso, nos despedimos. Colgué el teléfono y continué con el programa, preguntándome si alguna vez volvería a escuchar de Ingrid de nuevo. Yo la había desafiado para que asistiera a nuestra campaña ese fin de semana para conocerla en persona. Ella me dijo que lo haría, pero yo tenía mis dudas. Sin embargo, al siguiente día, ella estuvo allí. Cumpliendo su palabra, hizo lo que dijo que haría y asistió a la reunión. Y allí es donde su historia comenzó a cambiar.

Una joven que estaba de pie al lado de ella aquella noche descubrió que Ingrid vivía cerca de su iglesia, y la invitó a que asistiera a su iglesia el siguiente domingo. De nuevo, Ingrid cumplió y se encontró con la joven en la iglesia. Desde allí, el pastor de la iglesia intervino y conectó a Ingrid con otra mujer soltera, madura, que comenzó a discipularla. Viendo el crecimiento en su vida, la iglesia mandó a Ingrid a un campamento de verano, donde ella fue fortalecida. Cuando regresó del campamento, se unió a un grupo de estudio bíblico de mujeres jóvenes, se bautizó y siguió creciendo en el Señor aún más.

La última vez que mi esposa y yo vimos a Ingrid fue en el año 2006, diez años después de nuestra primera conversación telefónica. Estábamos celebrando una campaña similar en una nación centroamericana, y me dijeron que una joven de la zona nos quería saludar a mi esposa y a mí. En el instante que escuché su nombre, supe exactamente de quién se trataba. Yo no me había olvidado de nuestra conversación.

Ingrid se había convertido en una hermosa mujer madura. Había dejado su trabajo para dedicarse a la obra cristiana de tiempo completo, y ahora era misionera, guiando a otros a Jesucristo. Su vida marchaba muy bien —todavía caminando con el Señor y siendo usada de maneras poderosas.

Cuando hablamos con ella, fue como si yo estuviera

hablando con una persona completamente diferente de la joven mujer que había llamado por teléfono a nuestro programa. Ella era muy feliz, y se sentía muy realizada. Y su contentamiento era evidente. Había encontrado su propósito; había encontrado su sanidad; había encontrado vida.

Cuando salí de la reunión, el Salmo 113 me hizo eco en la mente:

Sí, alábenle, oh siervos del Señor,
¡alaben el nombre del Señor!
Bendito sea el nombre del Señor
ahora y para siempre.
En todas partes —del Oriente al Occidente—,
alaben el nombre del Señor.
Él está por encima de las naciones;
su gloria es más alta que los cielos.

¿Quién puede compararse con el Señor
nuestro Dios, quien está
entronizado en las alturas?
Él se inclina para mirar
el cielo y la tierra.
Levanta del polvo a los pobres,
y a los necesitados, del basurero.
Los pone entre príncipes,
¡incluso entre los príncipes de su propio pueblo!

¡Alabado sea el Señor!

Eso, amigo mío, es revolucionario —una corona en vez del polvo. Ese es el poder de Jesucristo.

No creo haber escuchado a nadie decir que yo tengo una *corona*, pero he visto la misma realidad de ser levantado del polvo que había en mi vida. He conocido el basurero; he experimentado el dolor; he visto lo bello del otro lado. Y he aprendido algunas cosas a lo largo del camino, cosas que también podrían cambiar su vida para ser mucho mejor.

Si hemos vivido por algún tiempo, todos hemos enfrentado nuestra parte de dolor y de sufrimiento. Todos hemos pasado por períodos difíciles. Hemos lidiado con circunstancias que nos han causado problemas, algunas más severas que otras. Y siempre estamos a un solo paso de la desesperación. Pero no podemos olvidar que también estamos a un solo paso de la *victoria*. Todo depende de lo que hagamos con nuestra situación grave.

Aunque su vida tal vez no tiene los elementos gráficos de la vida de Ingrid, usted tiene su propia historia, y es probable que haya alguna clase de dolor asociada a ella. Las inquietudes, la soledad y las luchas están presentes. Y tal vez se haya estado preguntando cómo puede salir de eso.

Al igual que Ingrid, usted tiene que elegir. Puede escoger vivir en el dolor —experimentarlo y vivirlo una y otra vez a diario— o puede escoger superarlo. Yo sé lo que Dios quiere para usted. Después de todo, él se dedica a resucitar muertos y a sacar a individuos del polvo. Pero él lo deja escoger a usted.

La Biblia dice: "Dios nos ha dado todo lo que necesitamos

para llevar una vida de rectitud." ¿Por qué? Porque "estas promesas hacen posible que ustedes participen de la naturaleza divina y escapen de la corrupción del mundo, causada por los deseos humanos" (2 Pedro 1:3-4). Dios nos ha dado lo que necesitamos para ser *vencedores* —¡para que podamos encontrar la victoria!

> En vista de todo esto, esfuércense al máximo por responder a las promesas de Dios complementando su fe con una abundante provisión de excelencia moral; la excelencia moral, con conocimiento; el conocimiento, con control propio; el control propio, con perseverancia; la perseverancia, con sumisión a Dios; la sumisión a Dios, con afecto fraternal, y el afecto fraternal, con amor por todos.
>
> Cuanto más crezcan de esta manera, más productivos y útiles serán en el conocimiento de nuestro Señor Jesucristo; pero los que no llegan a desarrollarse de esta forma son cortos de vista o ciegos y olvidan que fueron limpiados de sus pecados pasados.
>
> Así que, amados hermanos, esfuércense por comprobar si realmente forman parte de los que Dios ha llamado y elegido. Hagan estas cosas y nunca caerán. Entonces Dios les dará un gran recibimiento en el reino eterno de nuestro Señor y Salvador Jesucristo. (2 Pedro 1:5-11)

No sea corto de vista. Nuestra ciudadanía está en el cielo. Nuestra meta es la eternidad. Usted está entre aquellos que Dios ha llamado y elegido. Y su deseo es una entrada triunfal en el reino eterno de su Señor.

Al igual que Ingrid, usted tiene la capacidad de superar cualquier obstáculo. Sin importar cuál es su pasado, su dolor o sus pruebas, usted puede elevarse sobre ellas. Dios lo ha prometido. Ahora lo que tiene que hacer es creerlo y actuar sobre eso.

8

LO QUE DICE LA BIBLIA ACERCA DE USTED

El frío calaba los huesos y la oscuridad era como boca de lobo en la montaña cubierta de nieve. Por más de ocho horas, equipos de rescate y voluntarios habían estado buscando por todos lados a un niño de nueve años de edad llamado Dominic. La temperatura había bajado más de lo esperado, y los miembros de la partida de rescate sabían que un niño pequeño no sobreviviría por mucho tiempo en esas condiciones.

Dominic y su padre habían sido separados tarde ese día, porque por error habían tomado telesquíes diferentes para subir a la montaña. El tiempo estaba empeorando, y el panorama no era muy esperanzador. Las autoridades locales habían reunido a más de noventa voluntarios para buscar al pequeño niño, pero estaban sintiendo mucho frío, se sentían cansados y estaban perdiendo la esperanza.

"Dada la condición en que se encuentran nuestros voluntarios," dijo alguien que trabajaba en el rescate, "no me puedo imaginar el estado en que se encuentra el pequeño Dominic."

Con cada hora que pasaba, mientras la velocidad con que se movían los voluntarios decrecía y las expresiones de sus rostros se hacían más sombrías, la madre de Dominic estaba cada vez más desesperada. Al amanecer, todavía no habían encontrado ni un rastro del niño.

Cuando amaneció, dos helicópteros se unieron a la búsqueda, y en quince minutos, sintieron nueva esperanza. El piloto de uno de los helicópteros vio huellas de esquíes en un sitio poco usado y envió un mensaje por radio indicando el lugar al equipo en la montaña. Los voluntarios esquiaron rápidamente hacia ese lugar mientras el piloto hacía lo mejor posible por seguir el rastro. Finalmente el equipo de rescate llegó adonde estaban las huellas, lo que los llevó a un par de esquíes apoyados en la nieve. Desde ese lugar, las huellas cambiaron a pequeñas huellas de botas, lo que los llevó a un bosque de árboles de hojas perennes, y terminaban en un árbol grande con un montón de ramas en su base. Entre las ramas, vislumbraron lo que parecía una chaqueta de esquí de colores brillantes —del mismo color de la chaqueta que Dominic tenía puesto cuando se perdió. Pero no vieron ningún movimiento ni escucharon ningún sonido.

Los miembros del equipo de rescate contuvieron la respiración, preparándose para lo peor. Después de todo, el pequeño niño había pasado toda la noche en la helada montaña, sin haberse tomado precauciones o haberse hecho planes. Pero cuando se acercaron, la cabeza de Dominic apareció por encima de las ramas. Él estaba vivo y se encontraba bien.

Dominic temblaba de frío mientras lo sacaban rápidamente de su refugio, lo envolvieron en frazadas y se apresuraron a llegar a un lugar en la montaña donde había un equipo médico esperando para chequear su condición. Para sorpresa de todos, el pequeño Dominic estaba en perfecto estado de salud. "Está muy bien," anunció el director del equipo de rescate. "De hecho, está en mejor estado que nosotros en estos momentos."

Mientras se revelaba la historia, quedó claro por qué le había ido tan bien a Dominic. Muy simple: él había seguido las instrucciones de su padre. Sabiendo la posibilidad de peligro en la montaña, el padre de Dominic había anticipado advertir a su hijo de eso, y le había dado instrucciones para salvar su vida, en el caso de que se perdiera.

"Si te pierdes," le había dicho a su hijo temprano el día anterior, "ve a un lugar seguro, busca un árbol y cúbrete en sus ramas. Lo más importante de todo, una vez que estés allí . . . *¡no te muevas!*"

El pequeño niño había confiado en su padre e hizo exactamente lo que el padre le había dicho. Así que cuando lo inconcebible sucedió . . . cuando Dominic miró a su alrededor y se vio perdido y solo . . . él supo lo que tenía que hacer. El pequeño Dominic —en medio de sus lágrimas y terrible miedo— comenzó a esquiar hacia un gran árbol en la distancia. A más de unos cien metros del árbol, la nieve estaba muy pesada y la subida era difícil, así que se sacó los esquíes y caminó en la nieve hasta que llegó al árbol. Cuando llegó, hizo un hoyo profundo en la nieve, se acurrucó contra el tronco del árbol, y se cubrió con las ramas. Y se quedó allí sin moverse.

Mientras se acercaba la noche y el frío quería penetrarle a través de su ropa, Dominic no perdió la fe, confiando que las instrucciones de su padre lo mantendrían a salvo.

Se puede imaginar que el pequeño Dominic nunca hubiera podido pensar en todo eso por sí mismo. Él no había tomado una clase sobre cómo sobrevivir. Tampoco tenía el instinto que le hubiera permitido saber qué hacer sin haber recibido instrucciones previas. Simplemente obedeció a su sabio y amoroso padre. ¿Y por qué no?

Si Dominic hubiera tomado el asunto en sus manos y hubiera decidido que no le gustaba seguir las reglas, o que no le gustaban los árboles, o si hubiera pensado que era más divertido quedarse a la intemperie en la nieve, la historia hubiera sido muy diferente. Y, sin embargo, ¿cuántas veces tratamos nosotros de tomar control de las situaciones en nuestra vida y hacemos lo que nos hace sentir bien?

Dominic fue alabado por su valor y su fuerza. Los medios de comunicación dijeron lo inteligente y valiente que era. Pero en la vida a veces miramos las cosas de manera diferente.

Por supuesto que usted podría decir que las reglas que su padre le dio eran únicamente pautas, sólo buenas sugerencias.

Si las sigues o no, es tu decisión, Dominic. Haz lo que te haga sentir bien. Pero yo le garantizo que si Dominic hubiera decidido no seguir esas reglas, no podría haber sobrevivido aquella noche en la montaña.

El mismo principio se aplica a nuestra capacidad de sobrevivir en este mundo sin prestarle atención a la sabiduría de Dios como se revela en la Biblia. Muy a menudo nos apoyamos en nuestra individualidad a costa de nuestra seguridad. Celebramos nuestra libertad. Nos deleitamos en nuestra capacidad de hacer lo que queremos —hasta que nos golpea la realidad.

Claro que podríamos mirar a los principios de Dios para nuestra vida sólo como una cantidad de reglas aburridas. Podríamos mirar a la Biblia como cierta clase de "aguafiestas," designada para quitarnos las diversiones. O la podemos mirar de la forma en que Dominic consideró las instrucciones de su padre —como principios incambiables y firmes que provienen de nuestro amoroso Padre, y que nos salvarán la vida. Después de todo, no podemos engañarnos a nosotros mismos. Librados a nuestros propios medios, nos metemos en problemas en forma regular. Cometemos errores y nos metemos en situaciones difíciles más de lo que nos gustaría admitir. (¿O soy yo el único que hace eso?) Cuando me encuentro en esos lugares, estoy contento de tener a alguien que me guía a través de los escombros a la seguridad del otro lado —alguien que me conoce profundamente, que sabe cuáles son mis necesidades y que quiere lo mejor para mí.

Yo tengo la bendición de haber caminado diariamente

con mi Padre celestial por los últimos casi sesenta años en que he sido creyente. Y he encontrado que su Palabra de verdad es "una lámpara que guía mis pies y una luz para mi camino" (Salmo 119:105).

Si toma tiempo para estudiar la Biblia, tal vez se sorprenda por lo que dice específicamente sobre usted. Sus instrucciones para vivir son mucho más claras y amplias que las instrucciones del padre de Dominic, y son mucho más detalladas que un manual para sobrevivir de los Eagle Scouts.

Todavía recuerdo vívidamente el día cuando el poder de la Biblia se me hizo bien claro. Yo tenía doce años de edad y estaba en un campamento de verano en la hermosa sierra central de la Argentina. Fue nuestra última noche en las montañas; el sol se comenzaba a poner en los picos que nos rodeaban, y yo sentí pánico. Sabía lo que venía.

Todas las noches, durante la última semana, Frank Chandler, nuestro consejero, había venido a nuestra tienda cuando estaba oscureciendo —con una Biblia en una mano y una linterna en la otra— y llamaba a uno de los muchachos para que saliera de la tienda para hablar. No era una conversación larga —no más de diez minutos con cada uno, pero era importante. Y por cierto que era algo serio.

Todas las noches, cuando el muchacho que había sido llamado regresaba a la tienda, el resto de nosotros le sonsacábamos información. ¿De qué se trataba? ¿Por qué era tan importante?

Pero para esa noche final, yo tenía suficientes piezas del

rompecabezas como para tener una idea de lo que me esperaba. Yo sabía que la conversación tenía que ver con la Biblia, mi vida y Jesús. Pero los detalles tendrían que esperar hasta que tuviera mi propia conversación, la cual yo sabía que me llegaría muy pronto. Estaba aterrorizado. Por alguna razón, la última cosa que yo quería era tener una conversación acerca de Dios.

Estaba casi transpirando cuando Frank llegó a la tienda. Fingí estar dormido, pensando que él se iría. No me resultó. Frank estaba decidido.

"Vamos, Palau," me dijo, "levántate."

Con rapidez me di cuenta de que no lo podía engañar (especialmente después de que él dio vuelta mi litera y me tiró al suelo). Tomé la linterna y salí, con la cabeza entre los hombros y con el ceño fruncido.

Afuera, el aire estaba pesado. Aunque el calor del verano en la sierra era un poco menos que en la calurosa ciudad, todavía era abrumador.

A medida que comenzamos a hablar, me di cuenta de que el tiempo estaba cambiando. El viento comenzó a aumentar, y comenzaron a caer algunas gotas de lluvia. Pero Frank no iba a ser disuadido por unas pocas gotas de lluvia. Encontramos un árbol caído que nos ofreció un poco de protección y nos sentamos. Antes de que yo hubiera podido pensar mucho, Frank comenzó a hablar.

—Luis —me dijo repentinamente—, ¿eres creyente o no?

La pregunta me sorprendió un poco. Parecía muy tajante y no demostraba sensibilidad. Frank sabía que yo venía de una familia de creyentes. Sabía que yo podía decir las palabras correctas y cantar los himnos correctos. Pero él también sabía cuál era mi actitud. Había escuchado mi manera desagradable de hablar. Había bregado con mis arranques de ira. No estaba convencido de que yo verdaderamente conociera a Jesucristo en forma personal. Y para decir la verdad, yo tampoco estaba seguro. En realidad, yo estaba bastante seguro de que iría al infierno. No había cometido pecados *grandes* —no había matado a nadie, ni robado nada, y las drogas y el alcohol no eran parte de mi joven vida—, pero yo sabía en el corazón que era pecador.

Después de una larga pausa, finalmente respondí:

—No, pienso que no soy creyente.

Frank no perdió tiempo para hablarme. Después de todo, estaba comenzando a llover.

—Bueno, no es asunto de lo que *piensas*. ¿Eres o no?

(Él me habló duramente, lo cual no es una técnica que yo recomendaría, pero dio resultado conmigo.)

—No —le respondí—. Estoy bastante seguro de que no soy creyente.

Aquí es donde sacó su Biblia —un libro gastado y de tapas de cuero. Buscó la Epístola a los Romanos.

—Luis —me dijo—, quiero que escuches esto. —Y con eso comenzó a leer en voz alta.

—"Si confiesas con tu boca, Luis, que Jesús es el Señor, Luis, y crees en tu corazón que Dios lo levantó de los muertos . . . entonces tú, Luis, serás salvo. Pues es por creer en tu corazón que eres declarado justo a los ojos de Dios y es por confesarlo con tu boca que eres salvo" (Romanos 10:9-10, adaptado).

¿Yo? ¿Luis?, pensé. *¿En realidad dice eso? ¿Estaba eso hablando sobre mí?*

Me quedé sorprendido. Me encontré mirando sobre el hombro de Frank, esperando ver mi nombre en las páginas de su Biblia. *¡Habla de mí! ¡Este libro tiene algo que ver conmigo!*

Aquella conversación fue la más importante de toda mi vida. En ese momento fue cuando le entregué mi vida completa a Jesucristo. Frank me guió en una oración que me colocó en un camino completamente nuevo. Me cambió el corazón, me quitó mucho del dolor que sentía y me dio un propósito renovado. En ese momento fue cuando en realidad acepté a Jesucristo como Salvador. Jamás olvidaré aquella noche. Fue el 14 de febrero de 1947.

Eso sucedió hace más de sesenta años, pero todavía lo recuerdo como si hubiera sido ayer. Fue la primera vez que en realidad me di cuenta de que Dios me amaba. Aquella noche aprendí que la Biblia —el viejo libro que Frank tenía en las manos— ¡había sido escrito para mí!

Sé que eso suena presuntuoso, pero es verdad. Y es verdad para usted también. Dios nos diseñó a cada uno de nosotros con un propósito único. Él lo creó a usted y me creó a mí específicamente, porque quiso hacerlo, porque nos ama y porque quiere que pasemos la eternidad con él (Jeremías 1:4-5). De hecho, él nos ama tanto que cuando arruinamos sus planes —nos apartamos de él— Dios dio a su único Hijo para restaurar nuestra relación con él.

◙   ◙   ◙

Si usted ha sido creyente, ya sea por mucho o poco tiempo, la realidad del amor de Dios y de su propósito para usted ha sido arraigada en su ser. Dios lo ama profundamente. La Biblia fue escrita específicamente para usted. Es la carta de amor de Dios para usted. Entonces, ¿por qué a veces nuestra trayectoria espiritual parece tan seca? ¿Por qué la Biblia parece más un libro de texto que una carta de amor? ¿Por qué tan a menudo es muy difícil sacar algo de ella? ¿Podría ser porque usted todavía no está muy seguro de que este libro ha sido real y verdaderamente escrito para usted? ¿Podría ser porque todavía se está preguntando en cuanto a su relevancia en su vida?

La Biblia tiene mucho que decir sobre usted. No sólo de usted como ser humano, sino en forma específica de usted personalmente. De hecho, una gran parte de la Biblia está dedicada a decirle quién es usted en realidad. Veamos unos pocos ejemplos:

- Usted fue hecho a imagen de Dios. (Génesis 1:26-27)
- Dios quiere lo mejor para usted. (Jeremías 29:11)
- Usted tiene la oportunidad de liberarse de cargas innecesarias. (Mateo 11:28)
- Dios quiere una relación con usted. (Juan 3:16)
- Usted tiene la oportunidad de ser libre de la opresión. (Juan 8:36)
- Su Creador lo ama. (Juan 16:27)

- Usted fue creado para ser como Dios en verdadera justicia y santidad. (Efesios 4:24)
- Dios lo cuida. (1 Pedro 5:7)
- Dios perdona todos los pecados, si usted los confiesa de todo corazón. (1 Juan 1:9)
- Dios lo ama. (1 Juan 4:19)

Podría seguir citando mucho más, pero estos pocos ejemplos le dan una muestra. Cuando usted en realidad escudriña y lee, en verdad es asombroso. La Biblia habla sobre su formación, sobre el proceso en que llega a la madurez y su exploración —de las experiencias de su vida. Claro que tal vez no encuentre su nombre en las páginas de la Biblia —Frank, mi consejero, agregó mi nombre para efecto dramático—, pero su ADN, la forma en que ha sido creado, sí está claramente en la Biblia. (Muchos creyentes no se dan cuenta del poder de esto.) He aquí algunas otras cosas que la Biblia dice acerca de usted:

- Usted fue creado como una persona única. (Salmo 139:13-16)
- Anhela la verdad. (Mateo 5:6)
- Usted fue creado para amar. (Mateo 22:37-39)
- Ha sido hecho para algo mucho más grande que usted mismo. (1 Corintios 12:27)
- Fue creado para una vida muy interesante. (2 Corintios 2:14)
- Quiere ser libre. (Gálatas 5:1)

- Fue creado para adquirir conocimiento. (2 Pedro 1:5)
- Fue creado para relacionarse con otras personas.
  (1 Juan 4:19)

¿Lo describe esto a usted? ¿Le suena como verdad? Para mí, suena como que la Biblia sabe de lo que habla. Pero no termina allí. Fíjese en algunas de las promesas que les ofrece a los que creen:

- Los muertos espirituales volverán a la vida. (Isaías 26:19; Juan 3:1-7)
- Los ciegos verán. (Isaías 35:5; Mateo 11:4-5)
- Los culpables serán perdonados. (Marcos 11:25; Lucas 6:27-36; Juan 3:16-17)
- Los que están vacíos serán llenados. (Lucas 1:6-25)
- El que está perdido será hallado. (Lucas 15)
- El esclavo será puesto en libertad. (Hechos 16:25-34; Romanos 6)
- El que ha sido maldito será redimido. (Gálatas 3:13)
- El condenado será exonerado. (Colosenses 2:13-15)
- El desesperanzado será lleno de esperanza. (Hebreos 6:19)
- El mendigo llegará a ser hijo del rey. (Santiago 1:9)

Para mí, ¡esto es asombroso! La Biblia —que ha sido escrita hace miles de años— realmente me da valor, propósito, importancia y un futuro bastante emocionante. *¡Fue escrita para mí!* No es sólo un libro de sugerencias u observaciones acerca de la vida. No es una historia emocionante escrita para entretener. No es algo para leer en forma ocasional, algo que simplemente me ayuda "a vivir una vida mejor."

La Biblia me enseña que soy importante y que hay alguien que me ama. De hecho, ese alguien es el Creador del mundo, nuestro Padre celestial. (Lea el Salmo 19 y el Salmo 119.)

Eso me da esperanza. Me da valor, y me hace querer leerla más. ¿Y qué me dice usted?

¿No le suena atrayente la idea de tener un Padre celestial? ¿No quiere —y necesita— alguien en quien verdaderamente confiar? ¿Alguien que le mostrará el camino . . . que lo guiará . . . que lo cuidará? ¿No quiere eso?

Conozco a muchos hombres y mujeres adultos que nunca se han sentido aceptados, apreciados o amados por su padre terrenal. Viven toda la vida esperando escuchar de labios de sus padres "te amo," o "eres muy importante para mí," o "estoy muy orgulloso de ti," pero eso no ha sucedido. Ya sea que el padre hubiera estado en el hogar pero no estuviera presente emocionalmente, o que el padre hubiera abandonado el hogar cuando eran pequeños, el dolor que causó y lo injusto que fue han provocado heridas muy grandes. Y lo que es peor, arruinó la forma en que esos hijos ven a Dios.

Más y más escucho a niños y niñas hablar de esa forma; comparten conmigo historias de abandono, culpa, confusión y temor, sin mencionar las historias de abuso —todas ellas como resultado de un padre ausente. Los terapeutas y los consejeros pueden dar testimonio del dolor que sienten estos hijos.

Hace poco hablé con una joven adolescente que estaba

recibiendo asesoramiento porque se cortaba las muñecas. Tal vez se pregunte de dónde parte esa desesperación. Pero ella lo sabe. Viene del rechazo y del dolor que son resultado de la ausencia de su padre. Ella se siente muy sola y sufre mucho dolor.

Vivimos en una generación de personas sin padre, y los desastrosos resultados de esto son enormes. Por supuesto que para las personas que luchan con haber sido abandonadas, pensar en un padre que las ama es una idea rara —un concepto extraño. Si así es como usted se siente, sepa que no está solo. Todos tenemos un deseo innato de ser aceptados y amados por nuestros padres. Eso está muy arraigado dentro de cada uno, y nuestro Padre celestial es el que lo ha colocado allí.

A veces yo he luchado con este mismo asunto. Mi propio padre se fue cuando yo tenía diez años de edad. Claro que no fue por elección propia, puesto que él murió. Pero no obstante, yo crecí sin padre. Se me robó la oportunidad de conocer a mi padre y de recibir su amor. Y por años he luchado con esta pregunta: *¿Qué es lo que en realidad significa tener un padre que ama a su hijo?*.

❖   ❖   ❖

Ray, otro amigo mío, creció con un anhelo similar. Sin padre, sin guía, sin protección, su solución, sin embargo, no es algo que un padre quisiera para su joven hijo.

Cuando Ray me contó su historia, me sentí consternado. Llamó a uno de mis programas de televisión en vivo, una tarde en El Paso, Texas. Tenía dieciséis años de edad y pertenecía a una pandilla. Se llamaban a sí mismos La Pandilla de Los Sin Padre, la cual tenía más de cuatrocientos miembros. Ray no sentía deseos de pertenecer a una pandilla. No era un buscapleitos o un agitador. Lo que anhelaba era tener una familia. Anhelaba protección. Necesitaba un padre, al igual que todos los demás muchachos. Así que formaron una pandilla y se ofrecían protección los unos a los otros —de acosadores en la escuela o en las calles. Hicieron lo que sus padres no estaban allí para hacer.

Al principio, pensé que esa pandilla era una anomalía en la estructura de nuestra sociedad orientada hacia las familias. Pero muy pronto me di cuenta de lo equivocado que estaba. El hecho es que casi la mitad de los niños en los Estados Unidos no tienen un padre en el hogar. Las estadísticas aun aumentan cuando se incluye Europa y América Latina. Y las repercusiones en la estabilidad social son sorprendentes.

Para muchachos como Ray, la falta de un padre los carcome y les consume la mente. Aun la palabra *padre* les hace surgir sentimientos de ira, resentimiento y temor.

No quiero ese dolor para nadie. Y nadie tiene que vivir de esa manera. El hecho es que cada uno de nosotros tiene un Padre para quien somos importantes. Usted tiene un Padre celestial, y él quiere tener una relación con usted. No sólo él está interesado en usted, sino que está totalmente centrado en usted. Nunca está demasiado ocupado para atenderlo. Nunca se irá ni lo abandonará. Nunca lo desilusionará. Nunca le va a hacer una promesa que no pueda cumplir. Nunca va a revocar lo que le ha dicho. Nunca lo herirá ni lo humillará, ni se reirá de usted ni lo hará sentirse menos. Él lo ama profundamente. ¡Dios es su Padre!

Me doy cuenta de que mucha gente *sabe* esto mentalmente. Pero una cosa es *saberlo* y otra diferente es vivirlo —dejar que realmente penetre y disfrutarlo—, experimentar en forma real el amor de nuestro Padre celestial. Después de todo, Dios tiene mucho que decir acerca de usted. Él tiene mucho que decirle *a* usted. Y sus promesas tienen un profundo impacto *en* su vida. Él quiere tener una relación con usted.

Pero ¿cuál es la clave para hacer que esta relación con su Padre celestial sea real? ¿Cómo puede llevarla de una idea atractiva a una poderosa realidad?

La clave es Jesucristo, nuestro Señor y Salvador.

La Biblia nos dice que "nadie conoce verdaderamente al Padre excepto el Hijo [Jesucristo] y aquellos a quienes el Hijo decide revelarlo" (Mateo 11:27). En Juan 14:6, Jesús dice: "Yo soy el camino, la verdad y la vida; nadie puede ir al Padre si no es por medio de mí."

Nuestro acceso al Padre es a través de Jesucristo, y sólo de Jesucristo. Y nuestra verdadera comprensión del Padre nos llega también por medio de Jesucristo. No es nada que podamos hacer por nuestros propios medios. Debe venir mediante el Hijo de Dios. Él debe hacer la obra en nuestro corazón. Él debe transformar nuestra forma de pensar y hacer espacio en nuestra mente para en verdad experimentar una relación poderosa con Dios.

La única forma en que usted puede lograr que su relación

con su Padre celestial sea real es acercándose a Jesús. Cuanto más confíe en él, cuanto más entienda su verdadera naturaleza, su enseñanza y las expectativas que tiene en cuanto a su vida —tanta más intimidad encontrará con su verdadero y amoroso Padre. No hay otra forma; no hay otro camino.

Acérquese a Jesús. Y cuando lo haga, se acercará a Dios.

9

LA IMAGEN DE DIOS

EL ALA DE RECUPERACIÓN DEL HOSPITAL estaba oscura y silenciosa. Era de noche, un día de semana, más tarde de lo que se acuesta la mayoría de la gente. Mi esposa, Patricia, se estaba recuperando de la operación de cáncer y no podía dormir. Yo pasé de un canal de televisión a otro, haciendo lo mejor que pude para acompañarla. Había sido una experiencia difícil, y todavía tenía por delante varios meses más de quimioterapia y recuperación. No iba a ser fácil.

Aquella noche, todo el piso estaba en silencio. Por fin las enfermeras nos habían dejado solos por un rato. Estábamos los dos solos —con nuestros pensamientos y temores. Mientras mi hermosa Patricia estaba en la cama —enferma, agotada y débil— me abrió su corazón.

—¿Sabes? —me dijo mientras la televisión titilaba en el fondo—. Nunca he estado más convencida de la realidad de cuerpo, alma y espíritu.

Fue una forma rara de comenzar una conversación, pero siempre estoy listo para una buena discusión teológica. Intrigado, le respondí:

—¿De veras? ¿Por qué?

—Aquí estoy, mi cuerpo físico quebrantado, enfermo y con dolor —me explicó—. Mi alma, mis emociones, tienen altibajos. Algunos días estoy llena de gozo, otros, llena de lágrimas. Pero entonces, con mucha más claridad que antes, estoy consciente de mi espíritu. Sin importar qué clase de día, bueno o malo, tengo un sentido sobrecogedor de paz. Es más profundo que mis emociones y mucho más profundo que mi cuerpo físico. La única explicación es que eso es mi espíritu, en el que mora Jesucristo, y está rendido a él.

Cuando reflexioné en los últimos meses, yo también lo pude ver. A través de todo el proceso, Patricia había sido un ejemplo maravilloso para mí. El gozo, la paz y la aceptación reinaban en su vida. Claro que fue difícil y doloroso. Y por supuesto que ella lucharía con toda la fuerza posible para ser sanada completamente. Pero ella sabía que Dios todavía estaba en su trono. Ella tenía paz más allá del entendimiento. Y para ella estaba bien cualquiera que fuera el resultado. Y ¿por qué no? El apóstol Pablo nos dice que Cristo vive en nosotros (Gálatas 2:20), y que nuestro cuerpo es el templo del Espíritu Santo (1 Corintios 6:19).

Eso me recordó el día que nos enteramos de que Patricia

tenía cáncer. Cuando llegamos a nuestro hogar del hospital, de inmediato me dirigí a mi oficina en el piso inferior. Abrumado por las noticias que nos habían dado ese día, comencé a llorar. Lloré desconsoladamente. Le imploré a Dios. Mientras pasaron los minutos me pude calmar, y escuché música en la distancia. Era mi esposa, quien estaba tocando el piano.

Mientras yo estaba allí de rodillas —destrozado, afligido y totalmente perplejo—, ella estaba arriba, en la sala de estar, alabando al Dios que sirve. ¿El himno? "Alcancé Salvación."

Esa, mi amigo, es la realidad.

Nunca había tenido que lidiar con algo tan serio como el cáncer, pero he tenido mi buena cantidad de situaciones difíciles. Y estoy totalmente de acuerdo con mi esposa. En esas instancias es cuando estoy más consciente de mi verdadera naturaleza que me ha dado Dios. "Pero la persona que se une al Señor es un solo espíritu con él" (1 Corintios 6:17). No hace que la situación sea más fácil. Pero sí nos da esperanza en medio de la dificultad. Cuando somos débiles, Dios demuestra ser fuerte. Es cuando ya no aguantamos más, cuando estamos forzados a confiar en Dios, y sólo en él, que finalmente nos damos cuenta del poder y la paz que él nos ofrece —una paz que el mundo no nos puede dar (Juan 14:27).

Tal vez yo nunca pueda manejar una situación con la misma facilidad y comprensión con que la maneja mi esposa. (Siempre he sido más llevado por las emociones.) Pero en la quietud del corazón, siempre puedo reconocer el Espíritu de Dios trabajando en mí. Siempre puedo saber que él está obrando en todo —aun en las cosas malas— para mi bien porque yo lo amo y he sido llamado de acuerdo a su propósito (Romanos 8:28). Esta es una realidad en la cual todos deberíamos meditar cuando estamos pasando por tiempos difíciles.

◩　◩　◩

De acuerdo a la Biblia, usted ha sido creado a imagen de Dios. Fue hecho según su semejanza. Pero ¿qué quiere decir eso? Y ¿qué es ese "espíritu" que nos une a todos?

Al igual que Dios, usted es un ser trino. Trino quiere decir tres en uno: cuerpo, alma y espíritu. ¿Parece extraño eso? En realidad no lo es.

Su ser consta de tres partes principales. La primera es su cuerpo físico. Por medio del cuerpo usted se relaciona con el mundo físico. Puede tocar, gustar, oler, escuchar y ver.

Usted siente dolor y placer físico. Puede funcionar: caminar, correr, comer y hablar. Su cuerpo físico es lo que lo une a la creación. Su cuerpo físico está limitado a este mundo y es muy frágil —un aliento o un latido del corazón lo separa de la muerte.

Luego está el alma, la cual abarca sus emociones, su voluntad y su intelecto e incluye su personalidad. Es lo que lo hace humano. Es la forma en que interactúa con otras personas, la forma en que procesa su existencia en el mundo. Es cómo experimenta la vida a un nivel más profundo. Su alma le permite tener relaciones significativas con otros. Le provee la capacidad de amar y de odiar, de ser feliz y de enojarse. Le da la capacidad de tomar decisiones, de ser racional. Si no tuviera alma, sería carnal, impersonal y totalmente físico. Con el alma, su vida es totalmente diferente —o por lo menos, debería serlo.

Muchas personas parecen creer que todo se reduce a un cuerpo y un alma, y nada más. Yo no lo creo. Si eso fuera verdad, nuestra vida sería una maldición. Claro que podríamos ser felices por un tiempo, pero finalmente todo fracasa. Las relaciones se vuelven conflictivas. La esposa se cansa de su esposo o viceversa. Los hijos se cansan de sus padres. Las amistades se vuelven tensas y distantes. Desistimos, nos retraemos y buscamos nuevos horizontes en otro lugar. (¿Le suena familiar esto?)

Pero, ¡alabado sea Dios!, eso no es todo lo que hay. Dios, por su gracia, nos diseñó —a usted y a mí— para tener una relación con él. Es por eso que nos dio la Biblia y envió a su Hijo. Y es por eso que nos dio un tercer componente en nuestro ser —la parte que llamamos *espíritu*. Esta es la que nos permite conectarnos a nuestro Creador y a nuestro Salvador. Nos permite realmente conocer a Dios.

El espíritu humano es lo que nos separa del resto de la creación. Es lo que nos hace únicos —tenemos el potencial de ser hijos de Dios (Juan 1:12).

Es verdad, ¡usted es único!

Si le resulta difícil creer que tiene un espíritu único, no se preocupe. Muchos líderes religiosos también tienen dificultad en creerlo. Les gustaría racionalizarlo o decir que simplemente es otro aspecto del alma. Pero el espíritu humano es real, es único. Es diferente del alma y es lo que nos conecta a Dios. Es triste, pero la mayoría de la población del mundo vive como si su espíritu estuviera muerto. Y separados de Dios, lo está.

Piense en su espíritu en términos de una bombilla de luz. Usted puede tener una bombilla de luz intacta, que funcione bien —algo que se ve perfecto y completo desde el exterior. Y sin embargo, si no está enchufada en una fuente de poder, o si la corriente eléctrica ha sido cortada, usted no verá un elemento esencial de la bombilla. Aparte de una conexión correcta a una fuente de poder, es difícil entender el propósito de una bombilla de luz. Tal vez la pueda admirar por sus propiedades estéticas (físicas), pero no le llevará mucho tiempo darse cuenta de que falta algo. Se ve claramente que la bombilla de luz no está funcionando a su potencial total.

El apóstol Pablo lo dice de la siguiente manera: "Antes ustedes estaban muertos a causa de su desobediencia y sus muchos pecados. Vivían en pecado, igual que el resto de la gente, obedeciendo al diablo —el líder de los poderes del mundo invisible—, quien es el espíritu que actúa en el corazón de los que se niegan a obedecer a Dios" (Efesios 2:1-2). Separados de Dios, estamos desconectados de la fuente de poder que manifiesta y revela nuestro potencial total, y el propósito que se designó para nosotros.

Así es la vida para muchas personas en el mundo.

◙   ◙   ◙

En lo más profundo de nuestro ser, sabemos que hay más en la vida que la mera existencia física. Hace un tiempo, pasé unos días en la región montañosa de Escocia. Es un lugar hermoso, lleno de historia y leyendas. El campo está lleno de castillos, ruinas, campos de batalla y monumentos en memoria de héroes que han muerto por su patria. A través de los años, he tenido la oportunidad de visitar varios castillos. También he visitado algunos de los más privados y exclusivos.

Parece que cada castillo tiene su historia de actividad paranormal —se dice que un fantasma o espíritu ronda los pasillos. Es horripilante, para decirlo en pocas palabras. Los guías turísticos o las personas del lugar cuentan historias de niños que caminan de un lugar a otro por los corredores, de una anciana que está siempre en la capilla o de sirvientes que juegan a las cartas y que hacen ruido a altas horas de la noche.

¿Por qué es que las historias de fantasmas nos hacen erizar el cabello? ¿Por qué es que los relatos de fantasmas y de espíritus nos hacen pensar dos veces sobre la realidad? Porque en lo más profundo sabemos que hay más en la vida de lo que podemos ver. Sabemos que hay más que es real que el mundo físico. Aun los niños pueden sentir esto.

Un antiguo mentor mío, el pastor Ray Stedman, una vez me contó una historia acerca de una de sus hijas. Una mañana, mientras él estaba durmiendo, una de sus hijas entró precipitadamente al cuarto y se metió en la cama con él. Aunque ahora estaba completamente despierto, Ray pensó que sería gracioso fingir que estaba dormido, sin importar lo que ella hiciera. Mientras la niña gritaba y daba codazos y golpes, él se quedó acostado, quieto, tratando de no moverse o hacer ningún ruido. Finalmente, su hija avanzó lentamente y se le sentó en el pecho. Con sus dedos, le abrió uno de los párpados y susurró: "Papá, ¿estás adentro?".

Sé que es una historia simple. Pero para mí, tiene una enseñanza. Aun los niños pequeños saben que hay más vida que nuestros cuerpos físicos. Aun los niños saben que nuestro verdadero ser es más que lo que vemos. Es una realidad que no podemos negar.

Hace poco asistí al funeral de un viejo amigo. Como resulta a menudo, su cuerpo había sido preparado y yacía en un ataúd abierto al frente de la iglesia. Con maquillaje en el rostro de mi amigo, los de la funeraria habían hecho todo lo posible para lograr que su cuerpo se viera como si no había nada diferente —sólo un sueño tranquilo. Pero no era necesario ser superinteligente para darse cuenta de que algo era diferente. Mientras estuve de pie, mirando a mi amigo, me di cuenta de que no era él. Él ya no estaba allí.

El cuerpo de mi amigo yacía en paz —por un tiempo. Muy pronto, se descompondría y lo físico desaparecería. Pero su alma y espíritu —la persona verdadera— todavía estaban intactos y completamente vivos. Era claro que se habían ido a otro lugar. Supe sin ninguna duda adónde había ido mi amigo. Los que creen en Jesucristo, el Hijo de Dios, tienen el gozo de entrar de inmediato al cielo (2 Corintios 5:8).

Tal vez usted piense: "Esto es fantástico, Luis. El curso Cristianismo Básico. Pero aun si creo, aun si digo que hace sentido, ¿cómo cambia mi vida realmente ahora mismo? ¿Cómo se aplica esto a mí mientras lucho con la competitividad de la vida moderna? Tengo hijos. Tengo cuentas que pagar. Tengo una esposa que siempre se está quejando. No le tengo confianza a mi jefe. No disfruto la vida. Nunca duermo lo suficiente. No soy feliz. Estoy agotado."

Usted no tiene que esperar hasta llegar al cielo para disfrutar de una vida muy buena, totalmente cambiada. La puede tener aquí y ahora. Es real, es tangible y es espectacular.

❖   ❖   ❖

Al igual que encender un interruptor de corriente, no es difícil transformar su vida. En realidad, la acción es bastante simple, aunque representa una realidad más profunda y más compleja. Cuando usted le entrega su vida a Jesucristo, se conecta a una fuente de poder infinito —un poder que es más que suficiente para cambiarle completamente la vida. Por otro lado, si no está conectado —como tal vez ya lo haya descubierto—, la vida puede llegar a ser bastante desesperada. Lo he visto con demasiada frecuencia, aun en las mejores personas.

Así que, ¿cómo enciende el interruptor? ¿Cómo se conecta a la fuente de poder correcta? ¿Cómo llega a alcanzar su potencial máximo? Es muy simple: usted deja de concentrarse en sí mismo y se vuelve a Dios.

Cuando usted enciende una bombilla en un cuarto, no se concentra en la bombilla. En cambio, se concentra en el interruptor. Para encender una luz no le pide que por favor se encienda. No la frota o le hace un cántico. No le hace nada a la bombilla. En cambio, se concentra en la fuente de poder. Lo mismo se aplica a su vida espiritual.

Con mucha frecuencia tendemos a concentrarnos en nosotros mismos cuando hablamos o meditamos en nuestra vida espiritual. Nos preguntamos si hemos hecho lo suficiente. Si somos lo suficientemente buenos, o si sabemos lo que tenemos que saber. Pero con toda franqueza, eso no es lo importante. Nuestro centro de atención no debería estar allí. Porque nadie ha hecho lo suficiente, ni es suficientemente bueno (Romanos 3:23).

Si queremos alcanzar nuestro potencial máximo, debemos ir a la fuente —debemos volvernos a Dios— en cada situación. Para recibir poder, tenemos que acudir a él, y no confiar en nosotros mismos.

Por más que tratemos, la vida es muy difícil para tratar de vivirla por nosotros mismos. Cuando enfrentamos las aflicciones que hay en el mundo —las cuales nos van a llegar— necesitamos más que la mente y la voluntad para poder salir adelante. Necesitamos la ayuda de Dios. Pero con mucha frecuencia es difícil dejar de aferrarse a las ansiedades de la vida y permitirle a Dios hacerse cargo de la situación. Es difícil dejar de centrarse en la bombilla de luz y volvernos a la fuente de poder. Pero cuando finalmente lo hacemos, nuestra vida comienza a marchar de la forma en que fue creada. No es una coincidencia, ¡es una verdad bíblica! Dios nos ordena que pongamos toda nuestra ansiedad en él (1 Pedro 5:7) y que confiemos en él (Proverbios 3:26). ¿El resultado? Irás "seguro en tu camino, y tus pies no tropezarán. Puedes irte a dormir sin miedo; te acostarás y dormirás profundamente" (Proverbios 3:23-24). ¡Qué promesa!

Piénselo —la sabiduría que creó los cimientos de la tierra y el conocimiento que puso en movimiento los cielos están disponibles para nosotros por medio de Jesucristo. Cuando sacamos poder de la fuente, recibimos de él los siguientes dones: buen juicio, discernimiento, gracia y seguridad. Pero aún más importante, cuando confiamos en Dios, derrama su sabiduría sobre nosotros. Nos da el poder para amar a nuestros semejantes, la dirección para llevar una vida justa y para seguirlo a él en humildad.

Somos la luz del mundo (Mateo 5:14). Somos llamados a resplandecer. Pero al igual que cualquier luz buena, la única forma en que podemos realizar eso es si estamos conectados y centrados en la fuente correcta.

Imagínese lo que sería la vida si millones de seguidores de Jesucristo por todo el mundo vivieran realmente esta forma de vida bíblica. ¡Qué diferencia tan enorme y transformadora haría!

10

EMANUEL: DIOS CON NOSOTROS

En muchas de las provincias del norte de la Argentina, todavía tenemos algunos automóviles Ford Modelo T por los caminos. Siempre me sorprende la cantidad que todavía hay. Los llamamos los Fords a patadas, por el sistema de accionamiento de su motor. Un pedal se usa para ir hacia delante, otro para ir marcha atrás y otro más para frenar. Bien básico.

Recuerdo haber escuchado una historia hace varios años sobre un joven con este modelo de automóvil. No he conocido a ese joven, así que no puedo confirmar la veracidad de la historia, pero de todas formas, es una historia que me encanta.

Ese joven estaba manejando su antiguo y valioso Ford

Modelo T en una autopista cerca de la ciudad de Detroit, Michigan, EE. UU. Lo acababa de arreglar y se sentía muy orgulloso de poderlo manejar en los caminos públicos. Pero, por supuesto, en cuanto lo hizo marchar a más velocidad, el motor dejó de funcionar. Él pateó el pedal para ponerlo en neutral y lo dejó ir en punto muerto hasta el costado del camino. Desalentado y enojado, levantó el capó y comenzó a tratar de arreglar el motor. Apretó esto y aflojó aquello otro. Hizo todo lo que se le ocurrió. (Después de todo, acababa de reconstruir el motor. Se puede imaginar que sabría lo que debía hacer.) Pero no le dio resultado. El sucio automóvil negro no se pudo mover. Entonces es cuando un automóvil Lincoln Continental se detuvo detrás de él, estacionándose al costado de la autopista. De él salió un caballero mayor y de aspecto respetable.

El hombre estaba muy bien vestido —frac, sombrero de copa, brillantes zapatos negros y guantes blancos impecables. Era claro que iba camino a un evento de gala importante. Mientras se acercaba al joven, se sacó uno de los guantes blancos y le dio la mano.

—Parece que tienes problemas, joven. ¿Cuál es el problema?

De inmediato, el joven se sintió molesto.

—¿Qué es lo que parece? El motor se apagó.

Él no estaba seguro de lo que el aristócrata pensaba que podía hacer.

—¿Quieres que te ayude? —le ofreció el anciano caballero.

—Creo que lo he resuelto —dijo el joven con aspereza. (Era claro que no era así.)

En forma muy cortés, el anciano dio un paso atrás y observó mientras las manos del joven, llenas de grasa, trataban de arreglar el motor. Pasaron varios minutos.

—¿Estás seguro de que no quieres que te ayude? —le ofreció de nuevo el anciano caballero.

—No, estoy bien.

Pasaron más minutos sin ningún progreso o muestras de que el motor estaba funcionando.

—Joven —le dijo el hombre de nuevo—. ¿Estás seguro?

El joven estaba molesto. No podía diagnosticar el problema y estaba cansando de que el anciano le siguiera preguntando.

—Claro —respondió derrotado—. Fíjese. No sé qué es lo que espera encontrar.

Al escuchar eso, el anciano se adelantó, miró el motor con mucha calma y volviéndose al muchacho le dijo:

—Entra al auto y cuando yo te diga, haz girar la llave de arranque.

El muchacho entró con vacilación y esperó las instrucciones del anciano. En unos pocos segundos, escuchó una orden que le llegaba desde el frente del vehículo:

—Gira la llave.

Con un solo giro de la llave de encendido, el motor comenzó a marchar.

El joven estaba totalmente sorprendido. Saltó del automóvil y con entusiasmo se aproximó al anciano.

—¿Cómo supo qué es lo que había que hacer? —le preguntó—. ¿Quién es usted?

El hombre se puso el sombrero con cuidado, y luego se puso los guantes, y le respondió con una sonrisa:

—Joven, yo soy Henry Ford. Yo diseñé este motor. Supe cuál era tu problema en el segundo en que lo vi.

¿Quién sabe si esa historia es verdad? Yo quiero creer que sí lo es. Me puedo imaginar a Henry Ford mirando debajo del capó de ese automóvil, arreglando su propia creación. Pero de todas formas, el mensaje es poderoso. Muchos de nosotros somos como el joven con el Ford Modelo T roto, sentados al lado de una autopista. Tratamos con desesperación de arreglar los problemas nosotros mismos, y sin embargo, fracasamos totalmente. Y todo ese tiempo, nuestro Creador está a nuestro lado, observándonos, esperando que pasemos el control a sus manos. Está esperando que le devolvamos la autoridad que le pertenece. Así que, al igual que el joven, ¿por qué vacilamos en darle la oportunidad de que arregle los problemas que tenemos en la vida?

A medida que crecemos, en algún lugar a lo largo del camino, aprendemos a resistir a la autoridad, aunque depender de otras personas (lo cual aprendemos a temprana edad) es esencial para sobrevivir. Creo que la mayoría de los expertos coincidirían en que los niños florecen en un medio ambiente orientado hacia la estructura y la disciplina. (No, no estoy hablando de un campamento de entrenamiento de reclutas.) Pero es un hecho que nos va mucho mejor cuando tenemos directivas, cuando sabemos cuáles son nuestros límites y cuando tenemos figuras de autoridad que nos guían por el camino por el que debemos ir. Y sin embargo muy a menudo vivimos —o por lo menos tratamos de vivir— de formas que son completamente opuestas a esa realidad. En nuestras relaciones humanas, aprendemos a "vivir la vida" como mejor nos parece. Aprendemos a confiar sólo en nosotros mismos. Supongo que eso es parte de nuestro instinto de sobrevivir. Pero para ser bien franco, todos queremos y necesitamos a alguien que nos guíe a través de los cambios y vueltas de la vida.

Cuando era un niño pequeño, yo estaba bajo la autoridad de mi padre. Vivía bajo su protección y amor. En realidad, se sentía como verdadera libertad. Yo sabía que él me cuidaba, sabía que era valioso y sabía que él me enseñaría a realmente vivir. (Gracias a Dios yo tuve un padre que pude respetar.) Cuando él murió, perdí eso. Fui separado de él. ¡Cómo anhelé tener esos días otra vez en mi vida!

Durante la mayor parte de mis años de crecimiento, no tuve un padre que me enseñara a sobrevivir —y extrañé muchísimo su guía. Pero por la gracia de Dios, varios hombres estuvieron presentes en mi vida para llenar ese vacío. Y el más grande de todos fue Jesucristo. He estado viviendo bajo su autoridad, protección y amor desde entonces.

◈   ◈   ◈

En los días que siguieron al trágico terremoto en Haití en enero de 2010, muchas historias comenzaron a llegarnos de los diferentes medios noticieros de alrededor del mundo. La mayoría eran de casos desesperados, dolor y total destrucción. Las imágenes que se mostraban en los televisores y en los periódicos eran horribles. Las historias partían el corazón. Niños que habían perdido a sus padres; padres que habían perdido a sus hijos; niños que eran sacados de los escombros, golpeados y muy heridos; huérfanos que luchaban por conseguir padres adoptivos. Pero a medida que miraba los informes sobre Haití —mientras trataba de procesar el dolor y la agonía que enfrentaban esas personas—, una historia quedó grabada en la mente. No la he podido olvidar desde aquel día. Es la historia de una niña llamada Alyanah, y de Emanuel, su amoroso padre.

La familia Sanson-Rejouis había estado viviendo en Haití sólo ocho meses cuando sucedió el terremoto. Emily, la madre, quien trabajaba para las Naciones Unidas, estaba en su trabajo cuando el suelo comenzó a moverse. De inmediato, sabiendo la gravedad del desastre, se desesperó por llegar a su esposo y sus tres hijas, quienes estaban en el hotel donde vivían en esos momentos. Cuando llegó, encontró que el edificio era un montón de escombros.

Angustiada, pero todavía aferrándose a la esperanza, Emily buscó la ayuda de rescatadores y de personas del lugar para comenzar a excavar entre los bloques cubiertos de ceniza y los escombros. Ella estaba desesperada y decidida . . . y creyó escuchar algunos indicios de vida provenientes de las ruinas.

Pasaron horas hasta que los rescatadores pudieron excavar hasta el lugar adonde creían que el padre y las hijas pudieran estar. Cuando finalmente encontraron rastros de la familia, los resultados fueron a la vez desgarradores y alentadores. Debajo de los escombros, Emily encontró a Emanuel, su esposo, quien había muerto por el peso del edificio. Él estaba boca abajo, agachado debajo de los escombros. Pero debajo de su cuerpo estaba Alyanah, la hija menor, viva y en buen estado. Aparte de tener una pierna rota, ella había sobrevivido el desastre.

En los días siguientes, reconstruyendo la historia, Emily se dio cuenta de lo que había sucedido durante el terremoto. La dejó deshecha y a la vez maravillada. Mientras que la mayor parte de la gente había corrido para buscar un lugar seguro, procurando salvarse a sí mismos, Emanuel pensó primero en sus hijas. Agarrando a la que estaba más cerca y que era la menor —Alyanah—, él la protegió mientras el terremoto ocurría, cubriendo su cuerpo mientras el edificio se desplomaba. Mientras el techo se vino abajo y las paredes se derrumbaron con el temblor de la tierra, Emanuel sostuvo fuertemente a su hijita, tal vez sabiendo que esto sería lo último que haría —salvaría a su pequeña hija Alyanah.

No hay duda de que esta historia es trágica. Pero sólo puedo imaginarme la historia que Alyanah podrá compartir con sus amigos y su familia a medida que crece, el orgullo y sorprendente agradecimiento que siente cuando recuerda que su padre dio su vida para salvarle la vida a ella. Sin duda ella luchará con la pérdida. Yo sé muy bien lo que es eso. Pero también me imagino que hablará de su padre con respeto. Ella les hablará a sus amigos sobre él, y para ser sincero, yo no esperaría menos. Espero que la pequeña Alyanah hable sobre su padre por el resto de su vida. Espero que cuente su historia y comparta la esperanza que encontró en el sacrificio de su salvador. Es una historia que vale la pena contar, y un hecho heroico que merece honor. Y sonrío cuando pienso en el nombre de su padre, Emanuel, que en hebreo significa "Dios con nosotros."

◈　　◈　　◈

¿Y qué si alguien diera su vida por usted? ¿Consideraría cambiar su vida debido a respeto y reverencia? Entonces ¿por qué no lo hace?

Para la mayoría de nosotros, a nuestras vidas les falta verdadera autoridad. Vivimos como si fuéramos nosotros los que estamos a cargo de nuestra vida. Confiamos en nuestras propias fuerzas, en nuestros talentos y en nuestra propia determinación. En realidad es absurdo. La Biblia enseña que Dios tiene nuestros días contados, que él nos ha dado la vida, que nos da talentos y que sabe todo lo que hacemos (Salmo 139). Y sin embargo, todavía tratamos de manejar nuestra vida nosotros mismos. Jesús nos recuerda que "separados de mí, no pueden hacer nada" (Juan 15:5).

No nos engañemos. Se requiere fe para creer que la Biblia es la Palabra de Dios y para someterse a su autoridad. No lo niego. Para muchas personas, la necesidad de rendirse, de entregarse, es un gran obstáculo. Aun para muchos creyentes, les es difícil creer verdaderamente en todas las promesas que se encuentran en la Biblia y en todas las enseñanzas que proclamó Jesús. La fe viene por el oír, y el oír por la palabra de Cristo (Romanos 10:17). Así que lea su Palabra y su fe se fortalecerá.

Pero ¿qué si yo le dijera que la fe —la fe verdadera— es

más razonable de lo que usted piensa? Pero ¿qué si le dijera que sin tener en cuenta lo pragmático y cuidadoso que cree ser, que usted practica tanta fe como cualquier otra persona todos los días de su vida? ¿No me cree?

"La fe es irracional, no se puede explicar y es irresponsable." Eso es lo que le dirá un escéptico. Y es algo que en realidad escucho con bastante frecuencia. Es un argumento en contra de la fe en general.

Para el creyente, el argumento toma un matiz mucho más sutil. Por supuesto que tenemos fe. Por supuesto que creemos en las Escrituras. Pero cuando llega el momento de ponerlas en práctica, demostramos lo que somos. Tenemos dudas. Tomamos medidas para prevenir cualquier eventualidad, por si Jesús no se presenta. Es nuestra propia forma de incredulidad . . . nuestra propia falta de fe en Jesús.

El hecho es que todos practicamos la fe todos los días. En realidad, una fe grande. Pero no cuando se trata de Jesús.

Piense en esto.

¿Ha ido a un restaurante recientemente? ¿Quiénes prepararon su comida? ¿Son personas confiables? ¿Conoció a los cocineros? ¿Eran personas en las que se podía creer? ¿Cómo lo sabe? ¿Les chequeó los antecedentes policiales? ¿Quién podría evitar que el chef o el mesero —alguien que está peleado con el mundo— le pusiera algo a su comida? No se hubiera dado cuenta. Para cuando se diera cuenta, habría sido demasiado tarde. Tal vez no quieren vivir, y lo que quieren es llevarse a tanta gente como sea posible con ellos. No hay manera de que usted pudiera saber eso. Y sin embargo, comió la comida sin pensarlo dos veces. ¡Y la disfrutó! Tuvo confianza en el restaurante y en el cocinero. *¿No es eso fe?*

Hace algunos años, algunas personas envenenaron las ensaladas del mostrador de autoservicio en un restaurante cerca de donde yo vivo. Nadie murió, pero muchos se enfermaron. El restaurante tuvo que cerrar por varios días. Pero ¿sabe qué pasó? Cuando el restaurante volvió a abrir sus puertas, la gente regresó. Continuaron comiendo ensalada del mostrador de las ensaladas. ¿No fue eso una expresión de fe?

¿Ha ido al médico para un examen general últimamente? ¿Conoce bien al doctor? Piense en eso —un desconocido que usa una chaqueta blanca como las que se usan en los laboratorios. Él o ella podrían ser totalmente inexpertos, y usted no lo sabría. Tal vez había un título de doctor en un cuadro en la pared. ¿Lo vio? ¿Lo leyó? ¿Me podría decir a qué universidad médica asistió su doctor? ¿Cómo sabe que ese diploma no es uno que se imprimió en una computadora personal?

Así que, ¿qué es lo que usted hace frente a ese extraño —el que tiene un diploma de impresión dudosa en la pared? Usted se quita la ropa. Se sienta usando una bata de algodón no muy gruesa . . . durante un largo tiempo . . . sobre una camilla dura y fría. Y después de haber sido totalmente humillado, recibe un diagnóstico y un plan de tratamiento, garabateado en forma ilegible en un pedazo de papel. No sólo cree el diagnóstico, sino que *sigue las instrucciones al pie de la letra.* ¡Eso sí que es fe!

Vayamos un paso más adelante. Usted lleva el papelito que le dio el doctor a otro extraño con una chaqueta blanca —un farmacéutico—, quien de alguna forma puede descifrar la ilegible receta (aunque usted no tiene ni idea de lo que dice). Después de desaparecer por varios minutos, el farmacéutico regresa con un frasquito de píldoras blancas, rosadas o azules y le dice que se las tome. ¿Y qué es lo que usted hace? ¡Se las toma! (¿Cómo sabe que esa persona no fue una de las que envenenó la ensalada en el restaurante?) Usted, mi amigo, ¡ha ejercitado una fe extraordinaria!

Yo podría seguir con un ejemplo tras otro, pero creo que ya tiene idea. El otro día, recibí por correo el estado de cuenta de mi banco. Me dijo cuánto dinero tenía yo en mi cuenta —representado por un número en un pedazo de papel. Yo creí que podía sacar ese dinero si quería, pero no lo hice. En cambio, escribí un cheque para pagar un pasaje de avión. Escribí algunos números en un cheque, lo firmé y se lo di a la aerolínea. *¡Ellos lo recibieron!* Por ese intercambio, me dieron la oportunidad de volar en uno de sus aviones, el cual estaba a cargo de un piloto y copiloto que yo no conocía. La tripulación del avión me sirvió comida preparada por un chef que no conozco. Y yo la comí. *¡Eso es fe!*

Admitámoslo, porque es así. Nuestra sociedad como un todo opera en base a la fe y la confianza. La aerolínea recibió mi cheque en fe. Yo subí a bordo del avión teniendo fe de que el piloto estaba capacitado para volarlo. Tuve fe de que la comida no había sido envenenada. Y tuve fe de que el avión me llevaría a mi destino en el tiempo en que necesitaba estar allí.

Todos vivimos por fe, pero a veces nuestra fe nos puede meter en problemas.

Mi hijo Andrew, su esposa, Wendy, y sus tres hijos hace poco estaban volando en un avión con destino a Jamaica, que se pasó de la pista de aterrizaje. Ellos iban camino a visitar a los padres de Wendy, que son jamaiquinos, y el piloto estaba tratando de aterrizar el avión durante una tormenta de lluvia torrencial a las 11:00 de la noche. El avión patinó a lo largo de la pista antes de partirse en tres pedazos y detenerse a pocos metros del mar del Caribe. Andrew y su familia se las arreglaron para escapar caminando sobre una de las alas, en la oscuridad y la lluvia, y saltaron como medio metro hasta la arena. (El motor se había desprendido en el accidente.) Como se olía el combustible del avión, ellos corrieron hacia la playa buscando seguridad, sólo para ser detenidos por la marea creciente. Descalzos, magullados, mojados y con frío, se dieron vuelta y finalmente llegaron a un camino cercano, donde los recogió un autobús que pasaba por el lugar y los llevó a un lugar seguro.

Piense en eso. Ellos, junto a los otros 140 pasajeros que estaban a bordo, casi murieron. Allí estuvieron, con sus tres hijos, empujando escombros y tratando de llegar a la puerta de salida del avión, tratando de encontrar, en la oscuridad, la forma de salir mientras el avión se llenaba de humo y de vapores del combustible. Se subieron al ala, saltaron a la arena, descalzos, con morados en los ojos por el choque, y todas sus pertenencias destrozadas. Me sorprende que hayan pasado por eso con tan pocas heridas.

Pero antes de subir al avión, ¿cómo hubieran podido saber que el piloto no iba a poder detener el avión a tiempo? ¿Cómo hubieran podido saber que se detendría a unos pocos metros del mar del Caribe y que ellos apenas escaparían con vida? ¿Cree que ellos hubieran subido a bordo de ese avión si hubieran sabido lo que les esperaba: la tormenta de lluvia, la mala visibilidad, la imposibilidad del piloto de detener el avión a tiempo? ¡De ninguna manera! Ellos tenían a sus hijos a bordo. Pero tuvieron fe en la aerolínea, en el avión y en el piloto. Por supuesto que también tuvieron fe en el Señor, y él fue el que escogió salvarles la vida para su gloria.

No podemos decir que no practicamos la fe. La fe es una parte de nuestras vidas diarias. Lo que sucede es que a muchos de nosotros no nos gusta practicar la fe cuando se trata de un Dios invisible, que aparentemente está lejos. El apóstol Pablo confirma esto en su carta a la iglesia de Éfeso: "Dios los salvó por su gracia cuando creyeron. Ustedes no tienen ningún mérito en eso; es un regalo de Dios" (Efesios 2:8).

Así que, ¿qué es lo que le impide poner su fe en Dios y dejar que su vida sea totalmente transformada? ¿Es que no cree que Jesús murió por usted, o tal vez cree pero no le importa? ¿Qué es lo que lo detiene?

¿Cree que Dios puede restaurar su matrimonio? ¿Tiene fe de que él puede traer de regreso a su hijo descarriado? ¿Tiene fe de que él puede sanarle su dolor? ¿O son esas sólo creencias vacías? La fe es practicar lo que creemos. La fe debe ejercitarse para que pueda crecer.

◈　　◈　　◈

En sus años de crecimiento, mi hijo Andrew luchó con la idea de la fe y la confianza. Él creció en un buen hogar. Tuvo un padre muy bueno (si se me permite decirlo) y una madre extraordinaria. Como familia, asistíamos a una buena iglesia, en la cual Andrew no veía mucha hipocresía. Pero aun a una edad muy temprana, él decidió seguir su propio camino. Se apartó de Dios. Bebía y pasaba mucho tiempo en fiestas. Hizo todo lo que los padres no quieren que hagan sus hijos. Aún hoy en día, él se siente avergonzado de compartir algunas de esas historias, y yo no las quiero oír. Lo hacen parecer muy poco maduro y egocéntrico. Y para ser franco, lo era. Pero él y sus amigos pensaban que eran fantásticos, invencibles y maravillosos. Sus vidas giraban alrededor de sí mismos, de sus fiestas y de sus diversiones —ejemplos muy buenos de personas que creen totalmente en sí mismas.

Andrew tenía esta clase de comportamiento durante sus años de secundaria y cuando fue a la universidad. Se mudó a una residencia en una asociación estudiantil de varones, y se dedicó aún más a su estilo de vida destructivo y egoísta. Fuera del apoyo de su hogar y familia, se descarrió con mucha rapidez.

Para sorpresa (y alivio) de Patricia y mío, Andrew realmente terminó sus estudios universitarios. (Nosotros pasamos mucho tiempo orando de rodillas.) Se mudó a la ciudad de Boston, dejó un poco su vida de fiestas —mayormente para poder llegar a tiempo a su trabajo por las mañanas— y se esforzó por vivir lo mejor que podía. En lo profundo de su ser, él lo admite abiertamente hoy, Andrew sabía que no estaba bien. Usaba una buena máscara, pero sabía que su vida interior se estaba desmoronando. Estaba llegando a depender

de las bebidas alcohólicas y perdía a muchos de sus amigos.
Y sabía que lo que podía esperar del futuro era sombrío. El
otro día, él compartió conmigo una pequeña perspectiva de
esa etapa en su vida:

> Yo creía que podía desafiar las leyes y los límites de la
> vida y todavía alcanzar el éxito. Pero en realidad mi
> vida se estaba desmoronando. Los cimientos en los
> cuales yo había construido se estaban viniendo abajo,
> y las cosas que habían empezado como diversión
> habían comenzado a esclavizarme, especialmente
> las bebidas alcohólicas. Al principio, las fiestas con
> mis amigos habían sido divertidas. Pero allí estaba
> yo, a los veintiséis años de edad, usando la bebida
> por diferentes razones. La usaba para mitigar el
> dolor en mi vida. Nunca me podía acostar si estaba
> sobrio, porque de noche, cuando yacía en la cama,
> en la oscuridad, no podía dejar de pensar, y me
> daba cuenta de que me sentía muy avergonzado y
> culpable. Mi única solución —la única que estaba
> dispuesto a enfrentar— era la bebida. Si no podía
> encontrar a nadie que me acompañara, bebía solo,
> mirando la televisión hasta que me dormía en el
> sillón. Esa era mi vida. Esa era mi existencia.

Fue alrededor de ese tiempo —a principios de febrero de
1993— cuando mi esposa y yo tratamos un último y desesperado esfuerzo de salvar a nuestro hijo de sí mismo. Sabiendo

que hacía mucho frío en Boston, donde él vivía, lo llamé y lo invité a asistir a una de nuestras campañas evangelísticas. Como siempre, con mucha cortesía rechazó la invitación —hasta que escuchó que era en Jamaica. Yo sabía que él estaba pensando en la arena, la cerveza y la playa. Y en su mente, él sabía la forma de manejar ese "asunto de la religión." Aceptó la invitación.

Lo que Andrew no esperaba era conocer a un grupo de jóvenes de su edad que estaban llevando vidas totalmente revolucionarias. Hacía poco que todos ellos habían aceptado a Jesucristo en el corazón, y sus vidas habían cambiado radicalmente. Habían comenzado a seguir a Jesús y tenían historias asombrosas del poder de Dios en sus vidas. Y, lo que es más importante, estaban *disfrutando* la vida más de lo que la disfrutaba Andrew.

"Cuando vi sus vidas," dice él, "pensé: *Dios, ¿ha sido esta la respuesta todo este tiempo? ¿Puedo en realidad tener una vida como la de ellos si simplemente te entrego mi vida a ti?.*"

Muy arraigado en el corazón de Andrew estaba el concepto de la eternidad. (No es de sorprenderse. Está en la mente de la mayoría de la gente si se toma el tiempo de notarlo.) Recuerdo que él me dijo: "Si me hubieras preguntado antes, te hubiera dicho que la eternidad y la vida después de la muerte eran algo que no se podía saber. Pero de noche . . . en la oscuridad . . . cuando estaba a solas con mis pensamientos . . . yo sabía con exactitud cuál era mi situación y sentía mucho temor en cuanto a la eternidad."

Así que él comenzó a clamarle a Dios, mientras todavía

estaba en Jamaica, rodeado de otros igual a él. Su simple oración fue: "Dios, ¿qué es lo que me aparta de ti?".

En respuesta a su oración, Dios le abrió los ojos y le permitió a Andrew ver todo lo que lo estaba separando de él. Eran todas las cosas pecaminosas con las que había llenado su vida. Todas sus adicciones, sus excesos, las drogas —eso era lo que lo estaba separando de Dios. Él estaba totalmente quebrantado.

Aquella noche, Andrew le entregó su vida a Jesucristo. Le pidió a Dios que le perdonara todos sus pecados. Le pidió a Jesús que lo hiciera una nueva persona. ¿Y sabe qué? Jesús lo hizo.

Para Andrew, su vida hizo un giro completo de 180 grados. Dejó su antigua vida en Boston y se mudó de vuelta a Portland, Oregón, para estar cerca de su familia. Comenzó a trabajar conmigo, compartiendo las Buenas Noticias con otros alrededor del mundo. Y se casó con Wendy —quien era parte del grupo de jóvenes maravillosos que conoció aquella semana en Jamaica. Ahora tienen tres hermosos hijos, han estado sirviendo al Señor juntos por casi veinte años y nunca se han arrepentido de eso.

Eso es lo que hace una fe revolucionaria. ¡Nos cambia de mil maneras distintas!

Si usted le pregunta a Andrew, él simplemente le respondería: "Esa es la forma en que Dios lo hace. Toma una cosa que no es nada —algo que está completamente roto— y lo hace completamente nuevo." Lo viejo ha pasado. Lo nuevo ha llegado (2 Corintios 5:17).

Me imagino que mucha gente puede identificar con la

historia de Andrew. Tal vez usted es uno de ellos. Tal vez ha crecido en un hogar religioso. Sabe lo que se enseña. Dice que es creyente, pero todavía está luchando con la autoridad de Cristo. Es un asunto muy importante. Y es probable que sea lo que lo aparta de una vida totalmente cambiada.

En algún momento, todos tenemos que tratar con seriedad el asunto de nuestra fe. Tanto los creyentes como los inconversos, todos tenemos que formularnos la pregunta: ¿Qué es lo que creo en realidad acerca de Jesús? Aún más, ¿vivo de acuerdo a mi fe todos los días? ¿Es Jesucristo "mi Señor y mi Dios," como Tomás el discípulo dice con tanta claridad en Juan 20:28, o estoy actuando como si Jesús fuera sólo otro líder religioso entre muchos líderes?

Usted puede manejar muchas cosas por sí mismo. Puede resolver muchos de sus problemas con su esfuerzo personal. Pero para vivir una vida verdadera, llena de poder, lo que tiene que hacer es entregarle *realmente* su vida a la autoridad que le corresponde —a Jesucristo, el Hijo de Dios.

◈   ◈   ◈

Si nunca ha tenido la oportunidad de entregarle su vida a Jesucristo, quiero darle la oportunidad de que lo haga ahora mismo. Aun si dice que es creyente y sabe todas las respuestas correctas, eso sólo no significa que esté realmente viviendo de acuerdo a la voluntad y el propósito de Dios para su vida. Tiene que creer de todo corazón en Dios. Tiene que obedecerlo. Tiene que entregarle su vida a Jesucristo. "Oh, hijo mío, dame tu corazón," nos dice el Señor. "Que tus ojos se deleiten en seguir mis caminos" (Proverbios 23:26).

Si todavía no ha admitido que Jesús es Señor, ese es el primer asunto y el más importante que tiene que resolver. Puede hacerlo hoy, ahora mismo. No quiero que lo deje para más tarde.

Lo insto a que lo haga ahora mismo. Si nunca le ha pedido a Jesucristo que sea Señor de su vida —que sea su autoridad—, hágalo ahora mismo. No se necesita una oración ni un ritual especial. En realidad es muy simple. Y los hechos son también muy simples:

- Dios lo amó tanto que envió a Jesucristo, su único Hijo, para salvarlo. (Juan 3:16)
- Jesucristo dijo que él vino para que usted pueda tener vida, y una vida abundante. (Juan 10:10)
- Jesús afirmó que él es el único camino que lleva a Dios. (Juan 14:6)
- En lo profundo de su ser, usted sabe que no puede alcanzar la meta gloriosa establecida por Dios. (Romanos 3:23)
- La paga que deja el pecado es la muerte. (Romanos 6:23)
- Mientras usted todavía era pecador, Jesucristo murió por usted en la cruz. (Romanos 5:8)
- Jesús resucitó de los muertos. (1 Corintios 15:3-6)

Como dije, es realmente muy simple. Si no lo ha captado, vuelva a leer esta lista. Con ese conocimiento, cada persona debe hacer una decisión.

¿Quién cree usted que realmente es Jesús? ¿Está viviendo esa realidad hoy? O, al igual que Andrew en el pasado, ¿está viviendo —a su manera— en total rebelión a Dios? Cada uno de nosotros debe ceder y vivir bajo la autoridad de Dios; debemos entregarle nuestra vida a él, y luego lo veremos hacer cosas poderosas a través de nosotros.

11

UNA NUEVA CLASE DE REBELDE

No conocí a Rosario Rivera la primera vez que ella quiso verme. Ella no pudo llegar adonde estaba yo, y por eso estoy muy agradecido. Si nos hubiéramos conocido aquella noche en Lima, Perú, ella está convencida de que me hubiera matado.

Rosario era una guerrera marxista-leninista que había crecido en los "pueblos jóvenes" (barrios pobres) de Lima. Las injusticias, el dolor y el sufrimiento que había experimentado de jovencita la habían dejado amargada y con ira. Rosario había nacido en la pobreza, y por lo tanto, no había terminado los estudios normales que cursan todos los jóvenes. Pero era una lectora voraz. Sus escritores favoritos, por supuesto, eran Marx y Lenin. Para la edad de trece años, ella estaba profundamente enfrascada en los escritos de esos hombres. Cautivada por la sociedad utópica que presentaban, ella creía todo lo que ellos exponían.

Para cuando llegó a los dieciocho años de edad, Rosario había adoptado completamente la doctrina marxista. Viajó a Cuba, se adiestró como líder militante y fue una seguidora cercana del Che Guevara, el famoso revolucionario marxista argentino. Para cuando estaba cerca de los treinta años de edad, Rosario estaba completamente entregada a un estilo de vida en el que reinaba la muerte y el derramamiento de sangre. Esa era su vida.

Durante años, Rosario siguió al Che Guevara, peleando a su lado, ayudando a avanzar su causa a través de América Latina. Muchas veces, ella se unía a los actos de violencia. Entonces, en el año 1967, Rosario fue enviada a una misión de reconocimiento a Bolivia. El Che Guevara quería saber cuál era el clima político allí, así que naturalmente envió a una de sus más fieles seguidoras.

El informe que le dio Rosario a su regreso no fue optimista. Ella no quería que el Che fuera allí, porque no creía que ese fuera el tiempo correcto para entrar en Bolivia. Como respuesta, él le escupió la cara, la echó de su ejército y se fue a Bolivia, dejando a Rosario en Perú. A los pocos meses, el Che fue capturado y ejecutado. Si Rosario hubiera estado con él, lo más probable era que ella hubiera sufrido el mismo destino.

Rosario se sintió destrozada . . . y furiosa. Ella era igual de militante, igual de iracunda, igual de violenta y estaba tan amargada como antes. Pero ahora le faltaba dirección y liderazgo. Luchó por más de dos años para encontrar una causa por la cual vivir —una visión que pudiera llamar suya. Todavía creía en la causa marxista. Todavía quería ver cambios. Y a medida que pasaban los días, ella se llenaba de enojo y amargura. Es cuando escuchó que yo venía a la ciudad.

En 1970, mi equipo y yo fuimos invitados a visitar el Perú para compartir en algunas campañas evangelísticas regionales. Cuando Rosario se enteró de nuestra campaña, se puso furiosa. Odiaba todo lo que tenía que ver con Dios y con el cristianismo, y la idea de un alcance religioso que tendría lugar en *su* ciudad la puso en estado de alerta. Ella estaba decidida a trastornar la reunión, fuera como fuera. Si hubiera que hacer algo peor que perturbar, así se haría. Estaba lista y esperando —y la violencia no estaba fuera de las posibilidades.

El primer día de nuestra campaña, en un teatro en el centro de la ciudad, Rosario se colocó para ser vista en medio de la multitud. A través de toda la reunión, estuvo sentada allí, y la sangre le hervía más con cada minuto que pasaba. Titulé el mensaje de esa noche: "Los cinco infiernos de la existencia del hombre," en el cual hablé sobre los pecados de homicidio, robo, drogadicción y alcoholismo, hogares hipócritas y el infierno que es un lugar verdadero. Como se puede imaginar, ella me odió aún más para cuando yo había terminado el mensaje.

Cuando se dio la invitación, Rosario decidió pasar adelante con docenas de otros. Ella no estaba pensando en orar con un consejero; pensaba en cometer un crimen, y yo era el que estaba en la mirilla. (Su plan era reconocer el terreno y regresar la noche siguiente para llevar a cabo la hazaña.)

Cuando Rosario llegó al frente del teatro, una mujer mayor, quien era consejera voluntaria, se le acercó y le preguntó: "Amiga, ¿puedo ayudarte a recibir a Cristo?". (Eso es el motivo por el cual las demás personas habían pasado adelante.) En forma instintiva, Rosario se dio vuelta y le pegó a la mujer. Entonces, notando la conmoción que había causado, Rosario salió corriendo del teatro. (Más tarde ella me dijo que si hubiera tenido un arma, me hubiera matado allí, en ese momento.)

Regresó a su hogar y se acostó, pero no se podía sacar el mensaje de la mente. Se dio vueltas y más vueltas durante toda la noche. Se hizo preguntas sobre su propósito, reflexionó sobre las cosas que la apasionaban y examinó su forma de vida. En lo más profundo de su ser, sabía que estaba equivocada. Sabía que el mensaje parecía verdad. Finalmente, a eso de las cinco de la madrugada, Rosario cayó de rodillas al lado de su cama y oró para recibir a Jesucristo en su vida.

Rosario me contó esa historia hace años. Me pareció algo raro estar sentado frente a una persona que en un tiempo quiso matarme. La verdad es que ella ya no era la misma persona. Definitivamente todavía era una revolucionaria, pero de una clase diferente. Y personalmente, yo diría que ella ha sido mucho más efectiva como creyente de lo que creyó ser como marxista. Había sido un cambio verdadero, profundo, bello y radical porque puso su fe en Jesucristo.

Hoy, Rosario continúa trabajando a favor del cambio social, pero no a través del poder de las armas, la manipulación o la fuerza. Ahora es a través del poder de Jesucristo y del Espíritu Santo. Trabaja en forma incesante, pero muy suave, comparada a su pasado. Es una de las personas más respetadas y en quien más confía la gente de su comunidad. Está a cargo de varios ministerios, les ofrece ayuda práctica a cientos de familias y trabaja ayudando a cientos de jóvenes. Su impacto se ha sentido a través de toda la nación, y su historia ha sido compartida por todo el mundo. Todavía vive cerca del barrio pobre en el cual nació, y su corazón por la gente ha revolucionado la zona. Los niños reciben comida todos los días. En los hogares ahora hay agua potable y electricidad. Se han construido escuelas y se han plantado iglesias. Hay amor, aceptación y ayuda. Todo gracias a sus heroicos esfuerzos y su corazón de sierva.

"Si mi corazón ardía por la revolución en el pasado," me dijo Rosario una vez, "ahora arde aún más. Y si hice mucho por los pobres antes, ahora hago aún más." Lo más importante, Rosario está convencida de que sólo Jesucristo puede suplir las necesidades más profundas de los seres humanos. Su vida diaria refleja las virtudes de la fe revolucionaria que con tanto poder ofrece el Señor Jesucristo.

◙　　◙　　◙

Todos luchamos a veces con nuestras prioridades. Nos preguntamos por qué estamos aquí, qué diferencia estamos haciendo y a quién en realidad le importamos. Esto me recuerda a mi amigo Raúl. Su dramática historia de cambio, similar a la de Rosario, ha desafiado a mucha gente. Y todo comenzó en una vereda llena de gente en el centro de una bulliciosa ciudad.

Raúl le clavó los ojos al cartel que tenía delante de él. Era una tarde calurosa de verano, bastante típica para San José, la capital de Costa Rica. A medida que el día iba llegando a su fin, la gente de la ciudad iba camino a su casa. Todos estaban apurados. Raúl escuchaba el ruido de los autobuses y la gente que gritaba a sus espaldas. La vida era muy ocupada, pero Raúl no estaba apurado.

Mientras la multitud a su alrededor se apresuraba para llegar a sus hogares, Raúl buscó una excusa para quedarse en algún lugar. El último lugar al que quería ir era su hogar.

Aunque sólo tenía veintiún años de edad, Raúl se sentía mucho mayor. La vida había sido dura. Su padre bebía mucho. Sus hermanos eran buscapleitos. Su padre y su madre se peleaban. Y su comunidad —en todo sentido— les había dado la espalda a él y a su familia. Para la mayoría, Raúl y su familia eran conocidos como los pobres entre los pobres —al final de la lista. Y no le importaban a nadie.

En aquel momento . . . en aquella vereda . . . en aquella ciudad . . . Raúl se sintió extremadamente cansado y muy solo. Pero por alguna razón, se sintió atraído hacia un cartel particular. El hombre en la foto que lo miraba fijamente era yo.

Durante los últimos años, la vida del hogar de Raúl había sido un desastre. Su familia vivía en el barrio más pobre de la zona pobre de la ciudad. Él y sus hermanos eran terribles en su comunidad, y su padre no era mucho mejor que ellos. Raúl era uno de nueve hermanos, y estaba acostumbrado a las peleas de sus padres. Él aprendió a defenderse y llenaba sus días con lo que se le antojaba hacer.

Él y sus hermanos la pasaban divirtiéndose. Tomaban mucho, fumaban y hacían todo lo más posible para causar problemas. En lo más profundo de su ser, Raúl sabía que lo que hacía no lo llevaría a ningún lugar, pero era todo lo que conocía. "Yo estaba totalmente desorientado," me dijo Raúl años más tarde. "Mis padres tenían una relación horrible, y la mayoría de la gente decía que mi familia no tenía futuro. . . . Entonces vi aquel cartel."

Por alguna razón, de pie en aquella esquina de la ciudad, él no pudo sacar los ojos del aviso.

El cartel anunciaba una iniciativa que mi equipo y yo estábamos realizando en San José. "Algo dentro del corazón me dijo que yo tenía que estar allí," me dijo. "Por alguna razón, sentí que Dios había puesto ese anuncio allí sólo para mí."

No tenía dinero para tomar un autobús, pero estaba decidido a llegar a la plaza de toros, que quedaba a varios kilómetros de distancia, que era donde estábamos realizando las reuniones. Como nunca había escuchado de las Buenas Noticias de Jesucristo, no sabía qué esperar, pero estaba abierto.

"Mientras estaba allí escuchando el mensaje," recuerda Raúl, "todo lo que pensaba era: *¡Luis, alguien le habló a usted acerca de mi vida! ¿Quién se lo contó? ¿Cómo es posible que sepa estas cosas?.*"

Tan pronto como yo di la invitación de aceptar a Jesucristo, Raúl dijo: "¡Estas Buenas Noticias son para mí!". Y aquella noche, le entregó su vida a Jesucristo.

Nuestra cruzada en San José duró tres semanas. Raúl estuvo allí todas las noches, absorbiendo la enseñanza. Para el tercer día, él cantaba en el coro. Raúl cambió inmediatamente. Enseguida formó parte de una iglesia y fue discipulado personalmente por el pastor principal de esa iglesia. Comenzó a aprender más sobre la Biblia. Aun en aquellos primeros días, se dio cuenta de que Dios lo estaba llamando al ministerio de tiempo completo y estaba determinado a darle su todo a esa nueva realidad.

Se le empezaron a abrir puertas. Encontró trabajo y comenzó a esforzarse por salir de la pobreza. Empezó a testificar acerca de Jesús —en autobuses, parques y dondequiera que tenía una oportunidad. Para cuando cumplió veinticuatro años de edad, estaba coordinando reuniones nocturnas de canto y predicación en su barrio, en un terreno vacío del lugar.

La familia de Raúl muy pronto siguió la fe de él. "Poco a poco, todos ellos comenzaron a ir al Señor —todos mis hermanos, primos, tías y tíos. Comenzaron a ver el cambio en mi vida y no pudieron negar el efecto de eso en sus vidas."

Tres años más tarde, Raúl comenzó su primera iglesia y se concentró en la disciplina y la enseñanza. Trabajó con ahínco para preparar a los nuevos creyentes para servir al Señor. Asistió a la universidad, siguió con sus estudios y se casó.

Hoy, Raúl es el pastor principal de una de las iglesias más

grandes de San José, Costa Rica. Todos los domingos, más de diez mil personas asisten a la iglesia Oasis de Esperanza para escuchar a Raúl predicar lo que hay en su corazón. Su vida completa está dedicada a Jesucristo, y trabaja con tanta diligencia como el primer día que comenzó. (¿Y por qué no debería ser así? Raúl predica la misma verdad que cambió su vida tan radicalmente.)

La iglesia ha crecido mucho y es muy respetada en toda Costa Rica. De hecho, a su congregación —comenzada por un pobre don nadie de la peor parte de la ciudad— ahora sus críticos la llaman "la iglesia del hombre rico." Oh, lo lejos que han llegado en una sola generación.

Raúl ha comenzado programas para enseñar y aconsejar a pastores de la zona y ha comenzado a trabajar en otros países, plantando iglesias y dando aliento a muchas personas. Su pasión por el Evangelio de Jesucristo también se ha extendido a su familia. Su esposa y sus tres hijos (graduados de la universidad y bilingües) lo ayudan para que la iglesia siga avanzando. De hecho, toda la familia en la que nació comparte la fe en Jesucristo —¡más de setenta personas en total!

En los últimos años, Raúl y su equipo han ayudado a plantar quince iglesias por todo el país y en otros países. Están trabajando para esparcir las Buenas Noticias en Chile, la República Dominicana, Venezuela, Nicaragua, México e incluso Estados Unidos. Todos los recursos que tienen van directamente a bendecir y alentar las comunidades locales y a suplir las necesidades de la zona, sin tener en cuenta la fe de los que reciben la ayuda.

El impacto de Raúl se ha extendido para alcanzar a decenas de miles de personas. Él ha aconsejado a doctores, abogados, diplomáticos y profesionales a través de Costa Rica. No sólo es pastor, es un embajador —un embajador de Jesucristo. Toda la comunidad lo respeta, y él ha compartido la verdad y la realidad de Jesucristo de maneras poderosas.

Debido a la obra transformadora de Dios en la vida de Raúl, Costa Rica nunca más será igual. El mundo nunca será igual. Lo creo de todo corazón. Y todo esto comenzó con un muchacho pobre, perdido en una enorme ciudad de una nación de América Central.

Esto es lo que puede hacer una fe revolucionaria en Jesucristo.

◙　◙　◙

Me puedo imaginar qué es lo que usted está pensando: "Eso es fantástico para Rosario y Raúl, pero yo no los conozco, nunca los conoceré y las experiencias de ellos son diferentes de la mía."

De muchas formas, esos dos parecen estar a mundos de distancia de usted. De hecho, sus historias parecen extremas. Pero la realidad del poder de Dios para transformar vidas está disponible para todos nosotros —desde los barrios pobres de Lima o San José a las mansiones del sur de la Florida. Pero se requiere fe; se requiere valentía; se requiere dedicación. Y lo más importante, se requiere devoción a Jesucristo. Porque "los que pertenecen a Cristo Jesús han clavado en la cruz las pasiones y los deseos de la naturaleza pecaminosa y los han crucificado allí" (Gálatas 5:24).

La mayor parte de los revolucionarios a través de la historia tienen una cosa en común —completa devoción a su causa. Eso es algo que pone nerviosa a la gente estos días. Después de todo, los fanáticos que tomaron por la fuerza esos cuatro aviones el 11 de septiembre de 2001 estaban dedicados a una causa. Y nadie —es mi oración— quiere ser como ellos. ¿Dónde nos deja eso? ¿Apáticos y no dispuestos a pelear —mucho menos vivir— por una causa? Para que alguien pueda tener la convicción suficiente como para marcar una diferencia —para tener la fuerza y la determinación de ver cambio—, él o ella debe estar entregado a esa causa.

En Marcos 8:34, Jesucristo dice: "Si alguno de ustedes quiere ser mi seguidor, tiene que abandonar su manera egoísta de vivir, tomar su cruz y seguirme." Él nos desafía para darle gloria a Dios y no a nosotros mismos. Pero para darle la gloria a Dios, debemos estar entregados a la causa. Debemos creer que Jesús es el Hijo de Dios, el Mesías escogido, que vino para liberarnos de la esclavitud al pecado y a la muerte. Y para serle bien franco, si creemos eso, no tenemos otra opción que seguir a Jesús.

Me sorprende la cantidad de creyentes que he conocido a través de los años (la mayoría de ellos hombres) que se preguntan por qué su vida ha ido cuesta abajo. Sus esposas ya no los aman, sus hijos no los respetan y sus colegas no los consideran, y se preguntan por qué. Después de todo, lo que se nos enseña en la iglesia es que si usted camina con Dios, los hombres lo tendrán en alta estima. Si confía en Dios, va a ser exitoso.

En las inmortales palabras de Henry David Thoreau: "La mayor parte de los hombres vive en tranquila desesperación." Parece que, inevitablemente, los hombres llegan a llevar vidas apáticas. Claro que creen en Dios. Por supuesto que tienen fe en Jesús y en las promesas que él ofrece. Pero han perdido su primer amor. Sus ilusiones se han apagado, y todo el mundo se da cuenta. Han dejado que la vida les dicte el curso a seguir, en lugar de vivir la vida ellos mismos, y no tienen ni idea de cuál es su verdadero propósito. Pero eso no tiene que ser así en su vida.

Jesús vino para darnos "una vida plena y abundante" (Juan 10:10). Vino para darnos gozo y algo que nos dé ánimo en la vida. Vino para darnos un propósito nuevo —y ese propósito es darle gloria a Dios. ¿Cree eso usted? ¿Es esa la vida que vive hoy?

Si estudia las Escrituras durante un tiempo —especialmente la vida de Jesús—, lo más probable es que encuentre por lo menos una diferencia marcada entre la vida de él y la de usted. A través de su vida, ministerio y enseñanza, Jesús demostró fervor por el respeto y el honor a Dios, y no por su propio prestigio. Lo que lo hacía reaccionar no era cuando alguien lo menospreciaba o era irrespetuoso con él, sino cuando alguien le faltaba el respeto a su Padre en el cielo. Lea acerca de la vez que Jesús limpió el templo (Marcos 11:15-17; Lucas 19:45-46). No era porque quisiera que lo respetaran a él. Sabía que no lo harían, y ese no era su propósito.

Sabía que había venido a morir —a dar su vida en rescate por nosotros, que estábamos perdidos y esclavizados. Y valió la pena, porque sabía que nos llevaría —a usted y a mí— más cerca de Dios, como se enseña en 1 Pedro 3:18: "Murió por los pecadores para llevarlos a salvo con Dios."

No sé en cuanto a usted, pero a veces yo me encuentro viviendo para algo muy diferente. Me encuentro luchando por mi propio honor —para que me respeten, por mi propia gloria— en lugar de la de Dios. Pero ¿dónde me lleva eso? A ningún lado que no sea la frustración, abstraído en mí mismo y confundido. Prefiero tener el propósito de Dios en mi vida que el mío propio. Prefiero tener su gozo que una imitación de segunda clase que quiere parecerse a la felicidad. Y hay sólo una forma de obtenerlo. Es dejar mi manera egoísta de vivir. Olvidarme de mis propios planes. Amar a Dios por sobre todas las otras personas y hacer que el propósito de mi vida sea señalarles a otros el camino a él.

A medida que se centra en Dios, a medida que reorienta su vida hacia él, descubrirá un pequeño pero poderoso secreto. Él le dará la fuerza que lo sostendrá. Él le dará la fortaleza para seguir adelante. Él le dará el poder para perseverar. Usted será lleno del Espíritu Santo de Dios.

No se olvide de quién es y de quién es Dios en usted. Dios está obrando y es poderoso. Y la promesa para usted es: "Todo lo puedo hacer por medio de Cristo, quien me da las fuerzas" (Filipenses 4:13). No tenemos poder dentro de nosotros mismos, pero tenemos el poder de Cristo. Y tenemos un propósito nuevo en él. Todo lo que nos pide es que le ofrezcamos todo lo que tenemos. Debemos entregarle nuestros recursos, y él hace el resto.

Sólo cuando nos entregamos, nos arrodillamos y adoptamos los propósitos de Dios, podremos ver un cambio realmente revolucionario en nuestra vida. Sólo cuando dejamos de fingir que tenemos todas las respuestas, y cuando comenzamos a vivir como Jesús, veremos un cambio verdadero en nuestra vida.

¿Está dispuesto a hacerlo? ¿Está dispuesto a entregarse a Dios de todo corazón? ¿Lo hará?

12

EMBAJADOR DE DIOS

La vida parece fácil cuando se tiene dinero. Por lo menos, esa es la mentira que creemos. Y para alguien que tiene aviones a chorro a su disposición, un yate de categoría mundial para usar cuando se le antoja y más de los recursos necesarios para hacer lo que quiere, es difícil no creer esa mentira.

Mi amigo Wayne Huizenga, hijo, sabe esa realidad demasiado bien.

Wayne es un hombre fuerte, poderoso y muy alegre. No sé si alguna vez ha conocido a alguien que no le caiga bien, y también parece que él le cae bien a todo el mundo. Él es hijo de uno de los más respetados jefes ejecutivos de empresa del mundo. Hasta hace poco, su padre, Wayne, era dueño de uno de los campos de golf más exclusivos en los Estados Unidos, y tiene uno de los yates más grandes del mundo. Wayne, hijo, también es un hombre de negocios muy brillante y es presidente de la compañía Huizenga Holdings, el grupo que ayudó a comenzar la compañía que renta videos llamada Blockbuster Video, y las compañías AutoNation y Waste Management (la compañía de recoger basura más grande de los Estados Unidos). En un momento dado, la familia Huizenga era dueña de los equipos: del fútbol americano, los Dolphins de Miami; el equipo de béisbol, los Marlins de Florida; y el equipo de hockey sobre hielo, las Panthers de Florida; y tenían acciones en varios hoteles por todo el estado de la Florida.

Conocí a Wayne, hijo, en 2003, durante uno de nuestros festivales evangelísticos en la ciudad de Fort Lauderdale, Florida. Fuimos presentados por un amigo de los dos, y de inmediato nos hicimos amigos.

Como se puede imaginar, Wayne creció en una familia interesante —era hijo de uno de los hombres de negocio de más éxito en Norteamérica. Su mundo incluía aviones privados, vacaciones en Europa, los mejores automóviles, casas grandes, buenas fiestas —lo mejor de lo mejor. Pero tal vez se sorprenda al saber la historia detrás de todo ese éxito.

Cuando comenzaron, la familia de Wayne en realidad era muy pobre. El padre de Wayne comenzó de la nada, y apenas pudo ahorrar el dinero suficiente para comprarle un anillo de compromiso a su novia, y luego tuvo que pedir dinero prestado para comprar un camión para recoger basura después de que se casaron. Pero como sucede con todos los grandes hombres de negocios, él se abrió camino, hizo algunos negocios muy buenos, trabajó muchas horas al día y muy pronto su nombre era muy conocido —lo que es el sueño de todo hombre ambicioso.

Wayne, hijo, sabía que su padre trabajaba demasiado, pero en realidad lo admiraba mucho. Él tenía "una vida fantástica," y ninguna palabra de cautela de parte de su madre le impidió perseguir el mismo estilo de vida. Ella trató de que su hijo no se dejara llevar por las riquezas, pero todo lo que él hacía era observar a su padre y soñar. Sin importar lo que su madre quería para él, Wayne quería ser como su padre.

Para cuando Wayne se graduó de la universidad, su padre nadaba en el éxito, con dos empresas comerciales famosas —Waste Management y Blockbuster Video. Wayne se unió a su padre en los negocios de la familia y comenzó a ayudarlo a adquirir otras compañías.

Comenzaron en el negocio de los automóviles —comprando las compañías Alamo y National. Fundaron la compañía AutoNation, ahora una de las compañías de venta de automóviles más grandes de Estados Unidos. Comenzaron otra compañía de recoger basura (la cual recientemente se convirtió en la más grande de su clase de la nación). Comenzaron a trabajar en sistemas de seguridad para negocios. Compraron equipos deportivos. Viajaron mucho. Estaban haciendo muchísimo dinero, y parecía que todo les resultaba muy fácil. Tenían todo lo imaginable.

Wayne, hijo, se casó con una bella joven llamada Fonda, y comenzaron su propia familia. Él podía usar los aviones privados de su padre y tenía un bote deportivo de pesca que lo llevaba por todo el mundo. Tenía una casa enorme, automóviles de lujo y realizaba grandes fiestas. Si alguien le hubiera preguntado, él le habría respondido que era feliz, muy feliz. Después de todo, tenía de todo. ¿Por qué no sería feliz? Pero en lo profundo, Wayne sabía que pasaba demasiado tiempo en fiestas. Y sabía que no era lo que debe ser un padre. Trataba, pero nunca con demasiado ahínco. Y sin importar la cantidad de éxito que alcanzaba, nunca se sintió verdaderamente realizado. En lo profundo de su ser, en realidad no era muy feliz.

Entonces fue cuando Wayne conoció a Brad, quien era capitán de un submarino nuclear. Su encuentro fue de casualidad, pero ellos se hicieron amigos, pasaron tres días juntos en un submarino y comenzaron a compartir acerca de la vida.

No le llevó mucho tiempo a Wayne darse cuenta de que Brad era diferente. Tenía una perspectiva distinta sobre el mundo. Su cosmovisión de la vida no era como la de Wayne. Y por alguna razón, parecía totalmente satisfecho con su vida. Tenía la "felicidad" que Wayne no tenía.

Finalmente, Wayne reunió el valor para preguntarle:

—¿Por qué eres tan diferente?

—Porque tengo a Jesucristo en mi vida —le respondió Brad.

Eso dejó pensando a Wayne: *¿Podría ser en realidad tan fácil? ¿Sería en realidad eso?*.

Brad entonces comenzó a explicarle a Wayne:

"Es por eso que bebes tanto. Es por eso que siempre estás buscando el siguiente gran negocio. Estás tratando de llenar un vacío que *tú* no puedes llenar."

Más tarde, Wayne me explicó a mí y a algunos amigos lo que sentía: "Mi vida era como una fiesta sin fin. Yo comía . . . y comía . . . les daba rienda suelta a mis deseos . . . y asistía a fiestas . . . y nunca estaba satisfecho. Era muy doloroso. Yo sabía que Brad tenía razón."

Entonces, Wayne finalmente comenzó a asistir a una iglesia. Asumió que ese era el siguiente paso lógico, y por tres años se sentó en una banca y escuchó sermones. Pero en realidad su vida no era muy diferente. Todavía asistía a demasiadas fiestas. Todavía buscaba llenar su vacío en el mundo. Sólo que ahora, después de las fiestas, no sólo despertaba con malestar y dolores de cabeza, sino que también le dolía el corazón.

Tomó tres años para que Wayne finalmente se diera cuenta de que Dios quería más que la asistencia a la iglesia los domingos por la mañana. Dios quería que Wayne tuviera una relación personal con él, no sólo una relación con la iglesia. Finalmente, un domingo de noche en la iglesia, en medio de una tormenta eléctrica, Wayne cayó de rodillas llorando y le entregó su vida completamente a Jesucristo. Se dio cuenta de que finalmente había jugado demasiados juegos. Era hora de que hiciera de Jesús el Señor de su vida.

Casi de la noche a la mañana, su vida fue transformada. Dejó de beber de inmediato y también abandonó las fiestas. Se involucró más con su familia. Fue un esposo mejor. (Eso tomó un poco más de tiempo, pero el proceso comenzó de inmediato.) Se concentró más en sus hijos. Y por fin se sintió realizado. Había llegado a darse cuenta de que ninguna cantidad de éxito, ninguna cantidad de riquezas terrenales, podrían satisfacer la sed de su alma. Su perspectiva y su atención tenían que estar totalmente en Dios.

Resultó que Brad tenía razón.

Wayne todavía es un hombre de negocios brillante. Él no puso su vida profesional en piloto automático. Sus empresas comerciales le han traído a él y a su familia aún más éxito. Pero los negocios ya no definen quién es él. El éxito material no es lo que lo impulsa en la vida. En cambio, ve todo lo que tiene y lo que hace como una oportunidad de darle gloria a Dios.

Ahora él vive para compartir las Buenas Noticias que encontró en Jesucristo con el resto del mundo. De hecho, a menudo él y yo viajamos juntos a diferentes ciudades para compartir su testimonio. Él no recibe pago por eso. Él viaja en su propio avión y corre con los gastos. Wayne no tiene motivos ulteriores. Simplemente encontró a alguien que ha cambiado su vida . . . totalmente . . . y todo lo que quiere es compartir esa verdad con tanta gente como le sea posible. Es una verdad que le ha traído más gozo y realización que todo el dinero del mundo.

¿No debería ser esa la meta de todos nosotros? ¿Cuán diferente sería nuestra vida si comenzáramos a vivir para Dios y no para nosotros mismos? ¿Qué pasaría si nuestro foco de atención fuera darle gloria a Dios —y no a nosotros mismos— en todo lo que hacemos? ¿Cómo podemos llegar a ese lugar? ¿Dónde se comienza? ¿Dónde encontramos la verdadera realización y la perspectiva correcta? Comienza cuando nos damos cuenta de que no somos nada más —ni nada menos— que embajadores de Cristo.

Al describir nuestra calidad de embajadores, el apóstol Pablo dijo lo siguiente: "Así que somos embajadores de Cristo; Dios hace su llamado por medio de nosotros. Hablamos en nombre de Cristo cuando les rogamos: ¡Vuelvan a Dios!" (2 Corintios 5:20).

Eso es muy importante. Las inferencias son tanto poderosas como liberadoras.

Ser embajador, de cualquier lado que se lo considere, es una posición de privilegio. En los Estados Unidos, el presidente escoge personalmente a esos oficiales de alto rango, y los envía como sus voceros —las personas que hablan por él. Como tales, el trabajo del embajador es llevar el mensaje de su líder al pueblo de la tierra a la cual ha sido enviado. El mensaje debe ser comunicado en forma oficial, clara y correcta. Un embajador no necesita crear el mensaje, sino que simplemente debe comunicarlo.

A través de los años, he tenido la oportunidad de conocer a embajadores de varias naciones, y siempre quedo impresionado. Los embajadores siempre actúan con dignidad. Se muestran como personas confiadas. Saben cuál es su papel y su responsabilidad —y los límites de su autoridad— y sienten orgullo en cuanto a su posición.

Como seguidores de Jesucristo, somos llamados a ser sus embajadores. Se nos ha dado un mensaje y una misión, y hemos sido enviados a compartir el mensaje con el mundo. ¡Qué honor! ¡Qué desafío! Pero ¿estamos viviendo según eso? ¿Sabemos cuál es el mensaje y por quién hemos sido enviados?

Hablando por mí mismo, yo encuentro gran libertad y

consuelo porque sé que soy embajador de Dios. Eso no sólo me da poder y dignidad, sino que quita la carga de tener que tomar la iniciativa. Los embajadores no tienen la tarea de crear sus propios mensajes. En realidad, si lo hacen, perderán su trabajo. Lo único que tienen que hacer es escuchar a su líder y hacer lo que él les dice.

Así que, como un embajador de Cristo, ¿qué es lo que usted hace?

◈   ◈   ◈

Hace poco estuve con Wayne Huizenga, hijo, en Omaha, Nebraska. Mientras él y yo estábamos compartiendo con unos mil hombres de negocios de la ciudad, Wayne, en forma completamente natural, tomó su Biblia y compartió una historia. Dios le había dado un mensaje, y como embajador fiel, Wayne se sintió movido a compartirlo. Es una historia que primero la relató el mismo Jesús, así que vale la pena repetirla.

> Jesús dijo: "Había un hombre rico que se vestía
> con gran esplendor en púrpura y lino de la más alta
> calidad y vivía rodeado de lujos. Tirado a la puerta
> de su casa había un hombre pobre llamado Lázaro,
> quien estaba cubierto de llagas. Mientras Lázaro
> estaba tendido, deseando comer las sobras de la mesa
> del hombre rico, los perros venían y le lamían las
> llagas abiertas.

"Con el tiempo, el hombre pobre murió, y los ángeles lo llevaron a estar con Abraham. El hombre rico también murió y fue enterrado, y su alma fue al lugar de los muertos. Allí, en medio del tormento, vio a Abraham a lo lejos con Lázaro junto a él.

"El hombre rico gritó: '¡Padre Abraham, ten piedad! Envíame a Lázaro para que moje la punta de su dedo en agua y refresque mi lengua. Estoy en angustia en estas llamas'.

"Abraham le dijo: 'Hijo, recuerda que tuviste todo lo que quisiste durante tu vida, y Lázaro no tuvo nada. Ahora él está aquí recibiendo consuelo y tú estás en angustia. Además, hay un gran abismo que nos separa. Ninguno de nosotros puede cruzar hasta allí, y ninguno de ustedes puede cruzar hasta aquí'.

"Entonces el hombre rico dijo: 'Por favor, padre Abraham, al menos envíalo a la casa de mi padre. Tengo cinco hermanos y quiero advertirles que no terminen en este lugar de tormento'.

"Abraham le dijo: 'Moisés y los profetas ya les advirtieron. Tus hermanos pueden leer lo que ellos escribieron'.

"El hombre rico respondió: '¡No, padre Abraham! Pero si se les envía a alguien de los muertos ellos se arrepentirán de sus pecados y volverán a Dios'.

"Pero Abraham le dijo: 'Si no escuchan a Moisés y a los profetas, no escucharán por más que alguno se levantara de los muertos'". (Lucas 16:19-31)

Piense en eso. El hombre rico pensó que había estado totalmente realizado. Pensó que no le faltaba nada, sólo para encontrar más tarde que en realidad no tenía nada. Y no había nada que nadie pudiera hacer para convencerlo de que era diferente. Todos tenemos una cita con el destino. Tanto el hombre rico como el hombre pobre murieron. La muerte es inevitable. Pero la forma en que la enfrentamos —la forma en que nos preparamos para ella— hace toda la diferencia del mundo. Y no se puede volver hacia atrás. No caiga en la misma situación en que se encontraba el hombre rico. No se olvide del lugar que puede ser suyo.

Usted tiene a Moisés y a los profetas. Usted tiene la verdad y lo sabe. Pero ¿está dispuesto a escuchar la verdad? ¿Está dispuesto a compartirla? Al igual que el hombre rico, tal vez usted tenga muchas posesiones. Pero ¿es eso lo que lo define? ¿Es eso por lo que vive? ¿Es eso lo que define su realización? ¿O está listo y esperando, escuchando al Señor, para que le indique la tarea que él le ha dado?

Ya sea que usted sea una mujer amargada, enojada e impulsada por la consciencia de la sociedad como Rosario Rivera; un hombre impulsado por el poder y adicto al trabajo como Wayne Huizenga, hijo; o se encuentre atrapado en algún lugar en medio, el mensaje de Jesucristo tiene el poder de transformar su vida.

Si no escucha ahora, si no lo toma en serio, ¿cuándo lo hará? Una cosa es decir que es creyente, otra es vivir como creyente, como un embajador de Cristo. Y tal como Wayne, hijo, me ha dicho muchas veces: "Es fácil tener una relación con la iglesia, pero mucho más importante es tener una relación con Jesucristo."

¿Está dispuesto a ser un embajador de Cristo?

❖ ❖ ❖

Hace varios años, recibí una invitación para ir a la Casa Blanca, junto a varios otros líderes religiosos de la nación, para reunirnos con el presidente Clinton. Esa fue la primera vez que me reuní con el señor Clinton —a quien desde entonces he llegado a conocer un poco mejor—, y decir que no estaba un poco nervioso sería mentir.

Durante el tiempo que pasamos juntos, el presidente llevó a nuestro pequeño grupo a un comedor acogedor para desayunar. Él nos formuló muchas preguntas, llegando así a conocernos a un nivel más personal. Nos hizo preguntas acerca del clima espiritual de nuestra nación, y obtuvo una perspectiva general de los asuntos religiosos. Mientras continuábamos desayunando, el presidente Clinton lentamente caminó alrededor del lugar, formulándonos preguntas a cada uno basándose en la esfera de su conocimiento o experiencia. Por supuesto que yo sentía un poco de curiosidad para ver qué dirección tomaría en su conversación conmigo. Después de terminar una breve discusión con otro de los presentes, él se volvió y me preguntó sin rodeos:

—Luis, si alguien le preguntara lo más tarde que una persona se puede arrepentir y todavía recibir el perdón de Dios, ¿qué le respondería?

La pregunta me tomó de sorpresa, pero, por la gracia de Dios, una respuesta me vino a la mente con rapidez.

—Bueno, señor presidente, yo le contaría la historia del rabino.

Me di cuenta de que tenía su atención. Con interés, me respondió:

—¿Cuál es la historia del rabino?

Esta es la historia que le relaté:

Una mañana, un rabino estaba enseñándoles una clase de hebreo a sus alumnos, cuando uno de ellos levantó la mano y dijo:

—Rabino, díganos, ¿cuándo se debe arrepentir uno de sus pecados?

El rabino, quien estaba de pie, miró a los ojos a cada uno de los alumnos y les respondió con absoluta confianza:

—Alumnos, por favor, escuchen con mucha atención. Toda la gente se debería arrepentir de sus pecados el día antes de morir.

Y con eso, se sentó.

Los alumnos pensaron por un momento en silencio. Entonces alguien levantó la mano en el fondo de la sala.

—Pero, rabino —dijo el alumno—, nadie sabe con exactitud el día en que morirá. Entonces, ¿cómo podemos arrepentirnos el día antes de morirnos?

En ese instante, el rabino se puso de pie de un
salto y los desafió:

—*Entonces, ¡arrepiéntanse hoy!*

Cuando terminé la historia, miré a los ojos al presidente.
Con una pequeña sonrisa y una señal de asentimiento, él
respondió: "Buena historia, buena historia." Y eso fue todo.

Cada día, el promedio de personas que mueren alrededor
del mundo es 155.000. ¿Se lo puede imaginar? Nosotros no
sabemos cuándo nos llegará la hora. Hace poco un amigo
mío llegó a su hogar después de haber asistido a una fiesta, y
no se sentía bien. Entonces se sentó, y en ese instante murió.
¡Así fue! Bueno, él tenía noventa y un años de edad y había
vivido una vida larga y buena, pero la tristeza que produjo
su muerte no fue menos profunda que si hubiera sido más
joven. Y también mueren personas jóvenes todos los días, ya
sea porque se cae un avión, en un accidente automovilístico
o de una enfermedad.

Es un hecho de la vida que la gente muere. Usted podría
morir. Usted *morirá*. ¿Está preparado? ¿O simplemente se
desliza por la vida en punto muerto, buscando la realización
en cosas menos importantes? ¿Está viviendo el llamado que
Dios puso en su vida? ¿Está cumpliendo el papel que Dios le
dio de ser su embajador?

Algunas pocas personas saben cuándo les llega el día
—y por lo general es porque están enfermas y su fin está
cerca. Pero para la mayoría de nosotros, nos toma de sorpresa, cuando menos lo esperamos. Así que, si quiere estar

listo, tiene que prepararse ahora. Y para serle bien franco, la Biblia y el poder redentor de la vida, muerte y resurrección de Jesucristo son las únicas fuentes suficientes para estar listos. Tienen el poder de no sólo prepararlo para la muerte, sino de transformar su vida hoy —aun de revolucionarla.

Así que, ¿por qué quiere esperar? ¿Por qué detesta estar restringido por reglas? ¿Es porque se siente incómodo con el mensaje que Dios le ha dado? Todo esto está muy bien, a menos que esas reglas estén allí para salvarle la vida, o el mensaje se le haya dado para que usted se sienta verdaderamente realizado.

¿Tiene ya la seguridad de la vida eterna, o todavía no la ha encontrado? No debería estar perdiendo tiempo. Arregle este asunto ahora mismo. ¿Por qué querría esperar? En forma enfática, Jesús declara en Juan 10:28-29:

> Les doy vida eterna, y nunca perecerán. Nadie puede quitármelas, porque mi Padre me las ha dado, y él es más poderoso que todos. Nadie puede quitarlas de la mano del Padre.

Pase un tiempo de rodillas delante del Señor y escuche su voz. Pase tiempo en la Palabra de Dios —la Biblia. ¿Qué mensaje le está dando? ¿Está listo para dar un paso adelante con dignidad y poder, y vivir la vida de acuerdo a ese mensaje?

13

TERAPIA DE GRUPO

La vida de Jenny estaba muy lejos de ser perfecta. Aunque era una exitosa gerente de una cafetería que siempre tenía muchos clientes, ella luchaba con adicción, depresión y pensamientos suicidas. La familia de la cual provenía había sido un desastre, y la desesperación había echado raíz en su corazón. Si usted la hubiera conocido en aquel entonces, ella le hubiera dicho que su vida era terrible y que tenía muy pocas esperanzas de cambio. Entonces fue cuando una de sus amigas —otra adicta en vías de recuperación del grupo de Alcohólicos Anónimos— la invitó a la iglesia. Al igual que muchos, ella tenía sus dudas. No estaba segura de que la religión fuera la respuesta a sus problemas. Pero se arriesgó y fue a la iglesia el domingo siguiente.

Cuando Jenny llegó aquella soleada mañana de domingo, nada le pareció fuera de lo común. Era la megaiglesia típica de los suburbios, que se reunía en una especie de depósito, en la parte de atrás de un grupo de oficinas. Parejas felices, tomadas de la mano, caminaban hacia el edificio, saludando a los vecinos a medida que se acercaban a la entrada. Niños muy bien vestidos caminaban detrás de sus padres, llevando sus Biblias. Pero para Jenny, había algo diferente en cuanto a la iglesia. Mientras estaba allí sentada escuchando el servicio, ella tomó notas mentales de todo. La música era diferente. La gente era diferente. Y el enfoque —según Jenny— estaba muy lejos de lo que su crítico corazón esperaba.

El centro de atención estaba en la persona de Jesús. Y era evidente que lo que se enseñaba era la Biblia. Y las personas demostraban amor, aceptación e interés, y eran de verdad —no perfectas, pero auténticas.

Para cuando el mensaje terminó, Jenny sintió que tenía que hablar con alguien. Caminó hacia el frente de la iglesia, donde conoció al pastor y a su esposa. Compartió su historia con ellos y les pidió que oraran por ella. Ella se dio cuenta de que eran personas amorosas, en las cuales podía confiar.

El pastor y su esposa hicieron lo mejor posible para consolarla y compartir la simple verdad acerca de Jesucristo. Y allí mismo, en ese momento, en medio del ruidoso auditorio, Jenny le pidió a Jesucristo que entrara en su vida y que fuera su Señor.

Los líderes de la iglesia enseguida la tomaron bajo sus alas y comenzaron a enseñarle más acerca de la Biblia. La pusieron en contacto con una familia maravillosa de la iglesia quien la incluyó en el círculo de sus amistades. Poco a poco, Jenny encontró una nueva forma de vida.

Por supuesto que no todo ha sido fácil para Jenny. Ella todavía tiene todos los asuntos de su vida con los que debe bregar. No se puede negar que ha habido escollos en el camino —contratiempos, luchas y bastantes momentos aterradores. Pero cuando Jenny necesita apoyo, sabe adónde ir. Sabe dónde hay hombros sobre los cuales puede llorar. Ella tiene una familia en la que puede confiar.

Por medio de su iglesia local y del amor de Jesucristo, ahora Jenny está encontrando esperanza. A través del cuerpo de fieles creyentes, ella ha encontrado una mano que la ayuda a salir de las cenizas y a comenzar a escribir una nueva y bella historia de su vida. Esa es la obra de la iglesia local. Esa es la obra de los embajadores de Cristo.

❂   ❂   ❂

Todos hemos nacido con una inclinación hacia la afiliación —una necesidad fundamental de participación, comunidad y familia. Y eso es cierto en todos los aspectos de nuestra vida.

Usted nació dentro de una familia, rodeado de parientes. Cuando era niño, asistió a clases preescolares o al jardín de infantes, donde estaba rodeado de otros niños. Continuó asistiendo a la escuela primaria, a la secundaria y otra enseñanza superior, donde estaba rodeado de otros alumnos. Se unió a los Exploradores, o a algún otro grupo social. Participó en equipos de algún tipo de atletismo. Se hizo miembro de un club de ajedrez, un club de ciencia o de una banda de música. Buscó cualquier tipo de forma de encontrar a otros que fueran parecidos a usted. Tal vez fue algo subconsciente. Tal vez fue algo deliberado. Pero es real. Usted ansía la afiliación.

Una vez que finalmente estuvo viviendo por su cuenta, ¿qué fue lo que hizo? Fue a la universidad y vivió en una residencia para alumnos con cientos de otros jóvenes. Se mudó a su propio apartamento, y buscó compañeros de habitación de su misma edad y con sus mismos intereses. Buscó un cónyuge (o todavía lo está buscando ahora mismo). Comenzó a tener hijos. Buscó amigos. Se hizo miembro de un club de atletismo, de fútbol o un círculo de lectores. Ha vivido toda su vida rodeado de personas.

El deseo de ser parte de una comunidad está tan arraigado en nosotros que aun abarca la tecnología. Algunas de las compañías de más éxito hoy en día se basan en lo que conocemos con el término de redes de comunicación sociales. Incluyen compañías tales como Facebook, Twitter y Badoo —cada una de ellas nos da su propio enfoque de cómo podemos estar conectados como comunidad. Y eso es un negocio muy grande. (Hoy hay más de 400 millones de personas que usan en forma activa Facebook.)

Somos seres que vivimos en comunidad. Fuimos creados para el compañerismo. Aun los introvertidos más grandes necesitan a alguien con quien relacionarse. Es por eso que la gente se casa y es por eso que tienen amigos. La iglesia local es la respuesta de Dios para ese deseo innato que hay en cada uno de nosotros. Nos mantiene conectados a otros; nos mantiene estables mental y emocionalmente; nos alienta; y sobre todo, nos recuerda nuestras responsabilidades.

Pero todos necesitamos una perspectiva correcta cuando se trata de la iglesia. Como creyentes, sin importar nuestros problemas, nuestros resentimientos o nuestros dolores, nosotros somos la iglesia y somos llamados a *actuar* como iglesia.

❖   ❖   ❖

Uno de los dones más grandes que se le ha dado a la humanidad es la iglesia —el cuerpo de Cristo. Y aunque en su estado actual no es perfecta, es poderosa y hermosa.

Tal vez ahora usted encuentre eso difícil de creer. Tal vez ha sido desilusionado por lo que cree que debe ser una iglesia, o tal vez todavía está luchando para encontrar una comunidad de creyentes en la cual se sienta realmente cómodo. Si es así, lo siento mucho, y lo aliento a que siga buscando. ¿Por qué? Porque los beneficios —las cosas positivas— sobrepasan de lejos las cosas negativas.

Pienso seguir defendiendo a la iglesia, hasta el día de mi muerte, como uno de los aspectos de la fe cristiana más inspiradores, más atractivos y que enriquecen la vida. Porque es a través de la iglesia local que encontramos verdadera comunidad, verdaderas relaciones, verdadera enseñanza, y tenemos la oportunidad de rendirnos cuentas los unos a los otros. Los creyentes son las personas a las cuales podemos acudir cuando tenemos problemas. Son los que sabemos que tienen en el corazón las mismas verdades fundamentales que nosotros. Sabemos que ellos están luchando por alcanzar los mismos propósitos que nosotros y tienen la misma meta. Y aunque a veces pueden ser un poco difíciles, sabemos que quieren lo mejor para nosotros.

Por más de cincuenta años, yo he participado activamente en una iglesia fantástica cerca de la ciudad de Portland, Oregón. No soy pastor —ese no es mi llamado. Y aunque soy miembro de la junta de ancianos, muy pocas veces tengo la oportunidad de verdaderamente ayudar a guiar mi iglesia. En cambio, he tenido la oportunidad de recibir la enseñanza de otras personas. Disfruto del gozo del verdadero compañerismo. Experimento la realidad de una verdadera comunidad, y soy parte de la maravillosa familia de Dios. No cambiaría eso por nada.

Con demasiada frecuencia —ya sea en el campo misionero o cuando he estado ausente llevando a cabo campañas largas—, he estado lejos de la comunidad de mi iglesia. Y habiendo visto y sentido la diferencia, no creo que nada pueda reemplazar el poder de la iglesia.

Fue la iglesia local la que hizo posible que Patricia y yo pudiéramos ir al campo misionero la primera vez. Fue la iglesia local la que nos apoyó mientras Patricia luchaba con el cáncer. Fue la iglesia local la que oró fielmente por mi hijo Andrew mientras él vivía apartado de Dios. ¿Por qué no querría yo lo mismo para otra persona? ¿Por qué no querría eso aun para mi peor enemigo?

La Biblia nos recuerda —en realidad nos ordena— que seamos parte de una comunidad local de creyentes (Hebreos 10:25).

Jesús nos dio el ejemplo, porque aprovechó todas las oportunidades para reunirse con otros creyentes y compartir la Palabra de Dios.

Es sólo dentro de la iglesia local, la comunidad de creyentes, que nos podemos motivar unos a otros para realizar actos de amor y buenas acciones. Y es por eso que se nos desafía a continuar congregándonos y animándonos unos a otros, aun cuando hay algunos que no lo hacen (Hebreos 10:24-25). De hecho, en el Evangelio de Mateo, Jesús mismo nos recuerda la importancia de la iglesia: "Edificaré mi iglesia, y el poder de la muerte no la conquistará" (Mateo 16:18). Eso suena serio y poderoso.

En el libro de Hechos, el apóstol Pablo nos recuerda lo que debemos hacer por la iglesia: "Cuídense a sí mismos y cuiden al pueblo de Dios. Alimenten y pastoreen al rebaño de Dios —su iglesia comprada con su propia sangre" (Hechos 20:28).

Fue en la iglesia local que Wayne Huizenga, hijo, encontró a Jesucristo y la verdadera realización en la vida. Fue a través de la iglesia local que mi amigo David encontró la salvación. Fue la iglesia local la que guió a mi padre a encontrar la fe en Jesucristo. Fue la iglesia local la que adiestró a Raúl, enseñó a Ingrid y alentó a Rosario. Fue la iglesia local la que nos ayudó a Patricia y a mí durante algunos de los tiempos más difíciles de nuestra vida. Y todos tenemos la oportunidad de ser parte de esa poderosa institución.

Si usted está leyendo estas historias de cambio radical y se pregunta cómo su vida podría ser como la de estas personas, debe reconocer el papel que juega la iglesia local en la vida de una persona. Para todos ellos, fue esencial para que crecieran y tuvieran un buen fundamento. ¿Es también esencial en su vida?

En la comunidad y las actividades de la iglesia local es donde en realidad podemos crecer. En Romanos 12:15 se nos dice lo siguiente: "Alégrense con los que están alegres, y lloren con los que lloran." Pero ¿qué es lo que debemos buscar en una comunidad sólida? ¿Cómo sabemos que hemos encontrado una iglesia buena?

Al leer a través de la Biblia, podemos encontrar muchos factores clave que describen a una comunidad de creyentes sólida. He aquí unos pocos factores clave que se deben considerar.

- ¿Es Jesucristo el centro de la iglesia? Toda la alabanza, los cantos, las oraciones, las contribuciones financieras y la enseñanza deben ser sobre él —nuestro Señor, Salvador y Rey.
- ¿Se enseña la Biblia con claridad? ¿Se lee y se obedece? ¿Se trata como la Santa Biblia?
- ¿Se aman de verdad las personas unas a otras? ¿Es algo que se puede ver? ¿Viven la enseñanza que se encuentra en Juan 13:34: "Tal como yo los he amado, ustedes deben amarse unos a otros"?

Si usted ya ha encontrado una iglesia en la que se practican estas cosas, ¡alabado sea Dios! Asegúrese de participar en forma constante en la vida de la iglesia. (No puede sólo ir a escuchar lo que dicen. Debe participar en las actividades que le ayudarán en su vida espiritual.) Y dele gracias a Dios por la bendición que le ha dado. Si todavía no ha encontrado una iglesia en que se practiquen estas cosas clave —siga buscando. Mantenga la fe. Pídale al Señor que lo guíe. Y no abandone la búsqueda. Dios quiere que usted sea parte de una comunidad de creyentes, y él no quiere que baje sus estándares. Él quiere que sea desafiado, alentado y bendecido todos los días. Él quiere que usted se alegre con los que están alegres y que llore con los que lloran. Y Dios quiere que usted use sus dones para alentar y bendecir a otras personas.

Si se lo pide, Dios le señalará la dirección correcta. Por supuesto que no va a encontrar la iglesia *perfecta*, porque la iglesia está formada por personas que no son perfectas. Así que no ponga su mira en cosas tan altas que son imposibles. No espere una perfección imposible. Habrá problemas y tal vez a veces se sienta desilusionado. Pero si encuentra una iglesia en la que se practican las tres cosas básicas que mencioné antes —o si ya es parte de una iglesia así ahora—, involúcrese en las actividades, deje de quejarse y comience a servir al Señor en ese lugar. A medida que busca ser una bendición para otras personas, usted mismo será bendecido.

Mucha gente critica a la iglesia. Pero me pregunto qué diría Jenny. Me pregunto cuál sería su perspectiva después de todo lo que la iglesia ha hecho por ella. En cuanto a mí, sé que la iglesia tiene sus defectos. Después de todo, está llena de pecadores como yo. Redimidos, sí, pero todavía con defectos. Pero la belleza que ofrece la iglesia, el aliento y la bendición que es para nosotros, hace que de lejos valga la pena.

14

MÁS QUE CONOCIMIENTO

Si a esta altura usted no cree lo que digo, no estoy seguro de que alguna vez se convenza. Dios está listo y esperando para transformar nuestro mundo destrozado y herido. Él está listo y esperando para transformarlo a usted y transformar su situación.

Las Buenas Noticias que son posibles por medio de Jesucristo, y que han sido predicadas por sus seguidores, no son sólo de consuelo, sino también de poder. Afectan nuestra economía, el cuidado de la salud, la justicia social, las normas morales, la dignidad, las relaciones *y su vida estresante que lo agota.*

Dios le ofrece un libro que lo guía para vivir.
Lo llena de su conocimiento y poder.

Le perdona los pecados.

Lo libera de su culpa y dolor.

Establece verdadera autoridad.

Le da un propósito nuevo.

Le ofrece total seguridad.

Lo rodea de una familia amorosa.

Y lo levanta de las luchas de la vida.

Pero usted tiene que creer de todo corazón, y tiene que actuar sobre eso. "Pues no me avergüenzo de la Buena Noticia acerca de Cristo," nos dice el apóstol Pablo en Romanos 1:16, "porque es poder de Dios en acción para salvar a todos los que creen."

Hace muchos años, una revista semanal presentó la historia de un joven estudiante de la pequeña villa de Kalinovka, Rusia. Tenía el don de la memorización, y el jovencito aprendió a recitar grandes porciones de las Escrituras que le enseñaba el sacerdote local. ¿El incentivo? Pequeños pedazos de caramelo. En el transcurso de varios meses, el sacerdote le había enseñado al niño los cuatro Evangelios (Mateo, Marcos, Lucas y Juan), los cuales el niño recitó de memoria un domingo en la iglesia.

El niño creció, se fue de esa iglesia y perdió contacto con el sacerdote. Aun cuando tenía más de setenta años de edad, ese hombre todavía recitaba pasajes de las Escrituras, pero ahora sólo para servir sus propios propósitos. Porque el talentoso alumno —el que había aprendido de memoria tanto de la Biblia— era Nikita Khrushchev, el ex ayudante de José

Stalin y quien fue primer ministro de la Unión Soviética, el que supervisó las terribles purgas de los años 1930.[12] Cuando Khrushchev fue el secretario del Partido Soviético, una vez dijo: "Decimos el nombre de Dios, pero es sólo un hábito. Nosotros somos ateos."[13]

Todos sabemos que no ayuda únicamente *saber* las Escrituras. Lo diré de nuevo —usted tiene que *creer* de todo corazón en ellas. Y tiene que vivir de acuerdo a las Escrituras. En las palabras de Jesús: "Si me aman, obedezcan mis mandamientos" (Juan 14:15). La obediencia es la fe en acción.

John W. Alexander, el ex presidente de InterVarsity Christian Fellowship, escribió una vez: "Hay poco valor en sí en el solo proceso de aprender de memoria la Biblia. Una persona puede memorizar enormes porciones y ser atea. Satanás memorizó lo suficiente como para tentar a Jesús."[14]

Yo creo que él estaba totalmente en lo cierto. Después de todo, como dice en la epístola de Santiago: "Tú dices tener fe porque crees que hay un solo Dios. ¡Bien hecho! Aun los demonios lo creen y tiemblan aterrorizados" (Santiago 2:19).

Una cosa es saber la Biblia, otra es realmente vivirla, dejar que le penetre la mente, el alma y la vida entera. Y ese, mi amigo, es el primer paso para realmente experimentar una vida totalmente cambiada ahora mismo. ¡Debe saber lo que dice la Biblia! ¿De qué otra forma espera conocer la mente de Dios?

Aprender de memoria porciones de la Biblia es, y ha sido, una bendición fabulosa en mi vida. Pero no se detenga allí. Aprenda a *vivirla*.

◧   ◧   ◧

Dios es un Dios de salvación. No sólo salvación para nuestra alma, sino para nuestra vida completa. Y nuestra experiencia de esa realidad eterna puede comenzar hoy. Pero ¿cómo? A través de Jesucristo. No sólo él es nuestra fortaleza, también es nuestro ejemplo.

En este tiempo, sé que es difícil entender totalmente quién fue y quién es Jesús. Hay tantas caricaturas, imágenes e ideas sobre él. Algunas son totalmente falsas y nocivas. Y la mayoría, si no todas, no muestran su verdadera naturaleza.

Para tratar de entender a Jesús, debemos escudriñar las Santas Escrituras —la Biblia. Debemos adoptar la verdad —y las duras realidades— que encontramos allí. Y debemos aceptar algunos pensamientos revolucionaros. Lo que está en el centro de todo, debemos aceptar la encarnación —Dios en la carne. Como lo dice el apóstol Juan: "Entonces la Palabra [Jesús] se hizo hombre y vino a vivir entre nosotros" (Juan 1:14). Totalmente Dios, totalmente hombre. Así es Jesús. Entonces, ¿qué nos dice eso en cuanto a nosotros mismos?

Aunque Jesús fue verdaderamente Dios en la carne, la Biblia nos enseña que dejó de lado su divinidad cuando vino a la tierra. Jesús llegó como un bebé pequeño, frágil y dependiente. Nació en un hogar humilde y creció como cualquier otro niño de aquellos tiempos. Jesús —el Creador del mundo— se humilló a sí mismo y escogió actuar en obediencia a su orden creado. Jesús comió, durmió e hizo todo lo que nosotros tenemos que hacer en la vida. Y no termina allí.

"Jesús crecía en sabiduría y en estatura, y en el favor de Dios y de toda la gente" (Lucas 2:52). Jesús creció, aprendió y obedeció. Para él, crecer fue un proceso, al igual que lo fue para usted y para mí. Jesús fue tentando. *¡Jesús fue humano!*

Esto es diferente de lo que la mayoría de nosotros tendemos a creer sobre Jesús. Claramente era y es Dios; es parte de la Santa Trinidad; es divino. Pero no podemos olvidar que también era completamente humano. Dejó su divinidad para mostrarnos algo diferente, para guiarnos en la forma en que deberíamos vivir —en dependencia total a Dios, creyendo en las promesas de Dios. Y la evidencia se encuentra a través de los Evangelios.

Jesús luchó con la tentación a pecar (Hebreos 4:15). El diablo lo tentó (Lucas 4:2). Muchas veces formuló preguntas (Marcos 9:19). Oró pidiendo fuerzas (Lucas 22:39-44). Se cansó (Juan 4:6). A veces fue sobrecogido por el dolor (Juan 11:33). Y tal vez, lo más conmovedor de todo, es que se sintió traicionado y abandonado. Y mientras colgaba en la cruz, Jesús dijo las sinceras palabras que muchos de nosotros hemos dicho alguna vez: "Dios mío, Dios mío, ¿por qué me has abandonado?" (Marcos 15:34). Y sin embargo, persistió. Siguió adelante. Peleó la buena batalla, y tuvo la capacidad de tener éxito. No porque era Dios, sino porque —como hombre— fue lleno del Espíritu Santo (Lucas 4:1).

¿Qué significa esto para usted y para mí mientras luchamos en la vida, mientras peleamos la buena batalla de la fe y mientras nos preguntamos dónde está Dios en medio de nuestro dolor? Quiere decir que podemos experimentar el mismo éxito que Jesús. Quiere decir que nos podemos apoyar en el mismo poder por medio del Espíritu Santo. Está disponible para usted y para mí.

Cuando Jesús subió al cielo, nos dejó un "ayudador" —el Espíritu Santo (Juan 14:26). Nos dejó el mismo Espíritu que le dio la capacidad de vivir, de hacer lo que hizo y de resistir las cosas que resistió. ¿No me cree? Lea el libro de Hechos. Se lee como una imagen de los cuatro Evangelios reflejada en un espejo: Jesús sana a los enfermos; Pedro sana a los enfermos. Jesús echa fuera demonios; Pablo echa fuera demonios. Jesús resucita muertos; Pedro resucita muertos. Jesús sana ciegos; Juan sana ciegos. Esos hombres no eran Dios, pero estaban llenos del Espíritu Santo de Dios —el mismo Espíritu que había llenado a Jesucristo. Ellos fueron llenos de su divino poder "para llevar una vida de rectitud" (2 Pedro 1:3).

Una vez que su espíritu está vivo —una vez que usted está conectado a la fuente correcta— entonces es cuando ve un cambio verdadero. Entonces es cuando en realidad comienza a vivir. Entonces es cuando tiene todo lo que necesita. ¿Y los resultados? Son revolucionarios; lo transformarán totalmente.

En el instante en que usted cree en Cristo y le entrega su vida totalmente a él, el Espíritu Santo lo llena. Le da verdadero amor; le da dignidad y honor, autoridad y poder (2 Timoteo 1:7). Le da la habilidad de concentrarse en Dios, de aceptar responsabilidad, de renunciar al control, de pensar en otros en lugar de en sí mismo. Nada de eso —sin importar lo mucho que trate— se puede lograr totalmente sin el Espíritu Santo. Después de todo, ahora usted es hijo de Dios (Juan 1:12).

Pero usted debe elegir. Usted tiene la opción. Debe elegirlo, y decidir vivir conectado a él todos los días. ¡Eso sí que es vivir! Y qué diferencia hace el Hijo unigénito de Dios. La diferencia *es* revolucionaria.

En Hebreos 12:1-2, se nos desafía a una realidad bella y a la vez exigente:

> Por lo tanto, ya que estamos rodeados por una enorme multitud de testigos de la vida de fe, quitémonos todo peso que nos impida correr, especialmente el pecado que tan fácilmente nos hace tropezar. Y corramos con perseverancia la carrera que Dios nos ha puesto por delante. Esto lo hacemos al fijar la mirada en Jesús, el campeón que inicia y perfecciona nuestra fe. Debido al gozo que le esperaba, Jesús soportó la cruz, sin importarle la vergüenza que esta representaba. Ahora está sentado en el lugar de honor, junto al trono de Dios.

Y allí es donde nos está esperando.

Para llevar una vida de gozo, paz y poder, debemos hacer una elección. Debemos correr con perseverancia. Debemos quitar de nuestra vida las cosas que nos agotan. Y debemos fijar los ojos en Jesús, quien murió por usted y por mí. No es asunto de *si* podemos vivir de esta forma. Cuando ponemos nuestra fe en Jesús —cuando le entregamos todo el corazón— *sabemos* que podemos vivir de esta manera. *Sabemos* que tenemos el Espíritu Santo en nosotros. Es asunto de confiar que es posible vivir totalmente entregados a él. Es asunto de confiar en Dios y en sus promesas por sobre todas las cosas. Por supuesto que no vamos a ser perfectos en forma instantánea. La perfección en nuestra vida es un proceso que no se completará totalmente de este lado del cielo (1 Juan 3:2). Pero cambiaremos; seremos radicalmente transformados a la imagen de Jesús (Romanos 8:29).

Cuando éramos niños pequeños, todos le teníamos temor a algo. Para muchos de nosotros era temor a la oscuridad o al agua o a monstruos debajo de la cama. Cualesquiera que fueran nuestros temores, eran reales y nos angustiaban.

Mientras nuestros padres nos arropaban en la cama, o nos esperaban con los brazos abiertos en la piscina, nos consolaban con promesas. Nos recordaban hechos innegables: "No tienes que tener miedo. Voy a estar a tu lado. Te voy a mantener. Te voy a cuidar."

Nada había cambiado. Nada era diferente. Todavía estaba oscuro. El agua todavía era profunda. En nuestra mente, los monstruos todavía estaban debajo de la cama. Pero teníamos una elección: concentrarnos en mamá y papá o concentrarnos en la oscuridad, pensar en mamá y papá o pensar en el agua. Cuando aprendimos a confiar, pudimos avanzar con confianza.

Sabemos las promesas de Dios. ¿Pero confiamos en ellas?

- "No te fallará ni te abandonará." (Deuteronomio 31:6)
- "Dios . . . suplirá todo lo que necesiten." (Filipenses 4:19)
- "El Espíritu que vive en ustedes es más poderoso que el espíritu que vive en el mundo." (1 Juan 4:4)

- "Dios hace que todas las cosas cooperen para el bien de los que lo aman." (Romanos 8:28)

No se nos dice que la vida será fácil. De hecho, en Hebreos 12:1 se nos alienta a que "corramos con perseverancia la carrera que Dios nos ha puesto por delante." La palabra que se usa, *carrera*, también puede ser traducida como *agonía*. Es cierto que la vida puede ser dura. A menudo nuestra vida nos demanda mucho y nos agota. Es necesario que perseveremos —que tengamos una determinación firme— para continuar avanzando, aun cuando todo dentro de nosotros quiere desistir. Recordemos las palabras del apóstol Pablo: "Ya no vivo yo, sino que Cristo vive en mí. Así que vivo en este cuerpo terrenal confiando en el Hijo de Dios, quien me amó y se entregó a sí mismo por mí" (Gálatas 2:20).

Nunca olvide que usted es especial para Dios. Él lo rescató del mal, del pecado, de la adicción y de la desesperanza. Usted fue rescatado no sólo de lo que era (en cuanto a su comportamiento), sino también de lo que hubiera llegado a ser. Y hoy, usted es un testimonio —una representación verdadera del poder de Dios.

Dios quiere usarlo. Él lo ve mientras usted está todavía en el basurero de la vida. Él quiere sacarlo de allí. Quiere que usted se siente con príncipes; quiere darle dignidad, poder y autoridad (1 Samuel 2:8). Él quiere darle todo lo que es bueno y perfecto (Santiago 1:17). ¡Pero usted tiene que participar en la carrera! Y cuando lo haga, las promesas que siguen son maravillosas: libertad, realización, perdón, redención y riquezas en el cielo, sólo para nombrar unas pocas. Él nos promete darnos vida, y es una vida plena y abundante (Juan 10:10). ¿Qué más podría querer usted?

Dios sabe cuáles son nuestros temores mientras de noche yacemos despiertos en la cama. Y él no los pasa por alto. Él enfrenta nuestros temores. Lo único que nosotros tenemos que decidir —la parte que nos toca a nosotros— es decidir si queremos creer en él.

La fe revolucionaria es la fe que confía en Jesús para todo y en todas las circunstancias. Es más que saber las Escrituras. Es realmente creerlas *y* vivirlas. Cuando usted llegue a ese punto, su mundo comenzará a cambiar. Se lo aseguro. Mi amigo el reverendo John Stott explica la conversión a Cristo y la entrega a él con las siguientes palabras: "Es un momento de decisión que lleva a toda una vida de ajustes."

15

CONSTRUYENDO UNA CIUDAD

Una vez, un profesor universitario me desafió:

—Luis, ¿cómo puede ir a un país tras otro, donde la gente tiene tantos problemas económicos y sociales, y predicarles acerca del Cristo resucitado? ¿No puede hacer algo más práctico por ellos?

Había escuchado ese argumento antes, así que no me llevó mucho tiempo formular una respuesta.

—No hay ninguna manera mejor de ayudarlos —le dije—. La gente de este mundo crea los problemas de este mundo. Si los podemos guiar a Cristo, crearemos un clima para que tengan lugar otros cambios positivos.

Por supuesto que el profesor tenía razón de que vivimos

en un mundo lleno de enormes problemas. Un mundo afectado por hambre, pobreza, injusticia, opresión y desastres naturales. Pero como creyentes, podemos ayudar a aliviar ese sufrimiento.

Somos llamados a servir al igual que Jesús sirvió, dándoles de comer a los que tenían hambre, sanando a los enfermos, rompiendo las cadenas de los oprimidos y guiando a la gente a recibir el don de la vida en Jesucristo. Mediante su muerte y resurrección, Jesús es nuestra esperanza de que las vidas pueden cambiar.

La conversión lleva a la acción social más grande, punto. Cuando la vida de la gente cambia, son diferentes en su familia, en su trabajo y en la sociedad.

Aprendí esto al principio de mi ministerio. En noviembre de 1965, yo estaba realizando un programa de televisión en vivo en un pequeño estudio en América del Sur, en el cual los televidentes llaman con preguntas. El lugar era maravilloso —una ciudad capital que se extendía entre volcanes y montañas cubiertas de exuberante vegetación. Yo acababa de orar con una mujer para que recibiera a Jesucristo como su Salvador, y estaba en la siguiente llamada. Por eso, me sorprendí un poco cuando una voz alta y chillona me pidió una entrevista para la mañana siguiente a las 9:30. Fue un pedido raro, pero le dije que sí.

A la mañana siguiente, una enojada mujer entró por los portones de la propiedad del estudio, seguida muy de cerca por dos enormes guardaespaldas. Era claro que era una persona importante, pero yo ni remotamente la reconocí.

Cuando entró a la oficina, sus ojos observaron todos los rincones del lugar. Finalmente, convencida de que no le habíamos preparado una emboscada, tomó asiento.

"Ustedes, pastores y sacerdotes," comenzó en tono sarcástico, "son todos una partida de ladrones, mentirosos y malhechores. Todo lo que quieren es engañar a la gente. ¡Todo lo que quieren es dinero!"

Habló de esa forma por más de veinte minutos, blasfemando todo el tiempo y fumando en cadena, hasta consumir cada cigarrillo hasta el final. ¡Ella tenía mucha chispa!

Oré en silencio: *Señor, ¿cómo voy a manejar esta situación?*. Parecía estar agotada, así que finalmente se sentó, desplomándose en la silla, y yo pude hablar.

—Señora —le dije—. ¿Hay algo que pueda hacer por usted? ¿Cómo puedo ayudarla?

Me miró por un instante y luego rompió en sollozos incontrolables. Mis colegas y yo estábamos confundidos. Cuando finalmente se compuso y pudo hablar de nuevo, el tono de su voz había cambiado.

—¿Sabe? —me dijo—, en los treinta y ocho años de vida que tengo, usted es la primera persona que me ha preguntado si me podía ayudar.

—¿Cómo se llama? —le pregunté.

De pronto se endureció de nuevo.

—¿Por qué quiere saber mi nombre?

—Bueno, usted ha dicho muchas cosas aquí, y yo ni siquiera la conozco. Quiero saber cómo puedo llamarla cuando le hablo.

—Me llamo María Benítez-Pérez —me dijo con voz de orgullo.

Yo reconocí el apellido; era el de una familia grande, rica e influyente de la nación.

—Soy la secretaria nacional del partido de este país. Soy marxista-leninista, y soy una persona materialista y atea. No creo en Dios.

Con eso, encendió otro cigarrillo y comenzó otra tirada de cosas en contra de mí, de todos los predicadores y sacerdotes, y de la iglesia.

—¿Por qué vino aquí? —la interrumpí—. ¿Sólo para insultarme?

Durante las siguientes tres horas, ella me contó su historia.

María se había ido de su hogar y se había escapado de una escuela religiosa cuando era una adolescente rebelde. Algunos marxistas se habían hecho amigos de ella, y María comenzó a creer lo que le enseñaban. Se metió tan completamente en ese estilo de vida que finalmente llegó a ser líder del partido.

Hablamos durante horas. Y cada vez que tocábamos el tema de Dios, ella se enfureció. Pero me di cuenta de que había algo que la estaba carcomiendo por dentro. Finalmente salió a la luz.

—Supongamos que Dios existe —dijo—, lo cual sé que no es verdad, pero supongamos que existe, ¿cree usted que él tomaría a una mujer como yo y la perdonaría?

—María, no se preocupe por lo que yo pienso —le dije—. Mire lo que dice Dios. —Y abrí la Biblia en Hebreos 10:17, y la coloqué de forma que ella pudiera leer.

—No creo en la Biblia. . . .

—Pero sólo estamos suponiendo que Dios existe, ¿no es verdad? Eso es lo que usted dijo. Si sólo estamos suponiendo, fíjese lo que dice este versículo: "Nunca más me acordaré de sus pecados y sus transgresiones."

Ella esperó, como si tuviera que haber más.

—Pero escuche —me dijo—. Yo he hecho cosas malas.

Le repetí el versículo: "Nunca más me acordaré de sus pecados y sus transgresiones."

"Pero yo no le contado ni la mitad de mi historia. He lastimado a muchas personas. He cometido crímenes."

Me di cuenta al mirar sus ojos que sí ella había hecho algunas cosas muy malas.

Le repetí el versículo otra vez: "Nunca más me acordaré de sus pecados y sus transgresiones."

"Pero yo he sido la líder de protestas estudiantiles en las cuales murieron personas."

"Nunca más me acordaré de sus pecados y sus transgresiones."

Diecisiete veces respondí a las objeciones y confesiones de María con esa promesa divina de Dios. Y finalmente, cuando no tuvo más que decir, le pregunté:

—¿Quisiera que Cristo le perdonara todas las cosas que me ha dicho, y todas las demás que no sé yo?

Ella todavía estaba luchando.

—Él no lo puede hacer.

—¿Quiere probarlo?

—Si Dios pudiera cambiar a alguien como yo, sería un milagro.

—Tiene razón.

María me miró fijamente durante varios instantes. Finalmente, a punto de llorar, me respondió en un susurro:

—Está bien.

La guié en una simple oración en la cual ella confesó sus pecados, se arrepintió, pidió perdón y recibió a Jesucristo. Y con eso, se fue de mi oficina.

Cuando vi a María de nuevo el siguiente mes de enero, yo no estaba preparado para lo que vi. Su rostro estaba cubierto de manchas rojas y de moretones. Le faltaban varios de los dientes de adelante. Se veía muy mal. Me dijo lo que había sucedido.

"En una reunión de todos los líderes del partido del país, me puse de pie y les dije: 'Ya no quiero pertenecer más a este partido. Dios existe, y ahora yo lo conozco. Creo en Dios y en Jesucristo. Y hoy renuncio a este partido.'"

Por supuesto que no les gustó lo que ella les dijo. Unos pocos días más tarde, cuatro de los antiguos camaradas de María la atacaron y le golpearon la cabeza contra un poste de la luz. Durante semanas, se había visto obligada a esconderse en los sótanos de algunas iglesias y en las casas de sus nuevos amigos creyentes en Jesucristo.

"Habrá una revolución en junio," me dijo con voz normal. "La habíamos estado planeando durante meses."

Sería la típica protesta latinoamericana: con estudiantes y agitadores causando disturbios en las calles, haciendo salir al ejército, el cual entonces sería atacado y derrocado. El presidente nacional del partido tomaría control del país.

María tuvo que permanecer oculta hasta junio, cuando finalmente los líderes del partido la encontraron. Ella convenció a cuatro de sus captores a que fueran a la hacienda de su padre, donde podrían descansar.

La mañana del día de la revolución, el líder fue a hablar con María, quien había sido su amiga de muchos años. Ella se dio cuenta de que había algo diferente en él.

"María, ¿por qué te hiciste creyente? Yo creía conocerte."

Ella procedió a contarle acerca de su conversación conmigo unos meses antes, y le habló de la Biblia, y del consuelo y la aceptación que había encontrado.

Lentamente, su amigo compartió con ella.

—¿Sabes? He estado escuchando esa radio cristiana. Casi me tienen creyendo que Dios existe.

—¡Sí, existe! —le dijo ella—. Y quiere tener una relación contigo. Por favor, ¿por qué no te sales de este asunto? Fíjate en las vidas que hemos arruinado. Por favor, toma esta Biblia y léela. Vuelve a la hacienda de mi padre, y podremos hablar más.

Más tarde aquella mañana, el disturbio que estaba supuesto a comenzar una revolución fracasó rotundamente. ¿Por qué? Porque los líderes de la revuelta estaban en una hacienda leyendo acerca de Dios.

¿Tuvo un impacto en la sociedad la conversión de María a Jesucristo? ¡Por supuesto que sí! Su vida cambió, y su cambio radical y su valentía cambiaron el curso de una nación entera.

◈   ◈   ◈

Mi primer encuentro con María fue, sin lugar a dudas, uno de los encuentros más extraños de mi vida, pero fue uno de muchos en los cuales sé que el evangelismo —el mensaje de Jesucristo— demostró ser la mejor forma de acción social.

Sugerir que las Buenas Noticias que se encuentran en la Biblia no contribuyen en cuanto a resolver los peores problemas del mundo pasa por alto la historia. La esclavitud fue abolida en Gran Bretaña por un grupo de hombres que se convirtieron a Cristo en las enormes campañas evangelísticas de John y Charles Wesley, y de George Whitefield. En África del Sur, las campañas integradas racialmente de Billy Graham trajeron a blancos y negros a las enormes reuniones públicas por primera vez en la historia de esa nación.

Durante el siglo primero, el Evangelio de Jesús rompió las barreras culturales entre hombres y mujeres, judíos y gentiles, esclavos y libres. Cambió totalmente la estructura de la sociedad. El Evangelio les enseñó a los corruptos recolectores de impuestos a que se convirtieran en benefactores. Les enseñó a los estrictos fanáticos religiosos a actuar motivados por el amor y la gracia.

León Tolstoi, el gran autor y novelista ruso que escribió *La guerra y la paz*, lo dice de esta manera: "Durante cuarenta y cinco años de mi vida fui . . . nihilista —no un socialista revolucionario, sino un hombre que no creía en nada. Hace cinco años, la fe entró a mi vida . . . y toda mi vida sufrió una súbita transformación. Lo que una vez quise, ya no lo quise más, y comencé a desear lo que nunca había deseado antes."[15]

Imagínese una ciudad de más de un millón de habitantes que haya pasado por esa clase de transformación. Una ciudad en la cual las personas comienzan a ayudarse unas a otras, a servir a los necesitados de formas poderosas y a pensar en sí mismas como inferiores que los demás. Esa ciudad sería totalmente revolucionada. Las vidas cambiarían, las familias cambiarían. Los barrios, las escuelas, los negocios y los gobiernos cambiarían. Eso es lo que yo llamo una revolución callada. Y puede suceder.

◙   ◙   ◙

Dios se preocupa por más que los individuos. Se preocupa por las familias, las comunidades, las ciudades y las naciones. De hecho, él está construyendo un reino entero delante de nuestros ojos. No me interprete mal. No será perfecto hasta que Jesucristo regrese. Yo no creo en la idea de que la humanidad puede apresurar el reino de Dios. Pero creo que podemos hacer una poderosa diferencia mientras estamos aquí. Y no sólo eso; somos llamados a marcar una diferencia. Somos llamados a ser la sal de la tierra (Mateo 5:13) y a ser una luz que brilla en la oscuridad (Mateo 5:16).

Alrededor de todo el mundo, hay personas que están siendo transformadas. Las iglesias se están uniendo. Se están proclamando las Buenas Noticias. Y las comunidades están viendo los beneficios tangibles y positivos del amor de Dios expresado por medio de las palabras y las acciones. Es un hecho, una realidad, que se vive y experimenta todos los días. Y Dios está usando a personas como usted para que esto sea posible. He sido testigo ocular de esta transformación en Corea, Guatemala, Arkansas y Texas. Está sucediendo en algunas de las ciudades más religiosas del mundo, como así también en algunas de las más liberales. Nadie puede discutir o desafiar el Evangelio cuando lo ve en las vidas de las personas. Es algo que cambia la vida.

Aun aquí, en Portland, Oregón, la ciudad en la cual vivo, he visto a Dios hacer cosas poderosas a través de las iglesias locales. Todo comienza cuando los creyentes se reúnen, oran por la ciudad y comienzan a soñar en maneras de alcanzar a sus vecinos. En Jeremías 29:7, Dios nos ordena lo siguiente: "Trabajen por la paz y prosperidad de la ciudad donde los envié."

Ha habido lugares de luz en Portland por años. Después de todo, fue en la universidad Reed College que Donald Miller y sus amigos perfeccionaron el confesionario evangelístico que el autor describe en *Tal como el jazz*. Fue en Portland que William P. Young trabajó en su éxito de librería titulado *La cabaña*. En realidad, hace bastante tiempo que la comunidad cristiana está haciendo un impacto en Portland. Pero no fue hasta que un grupo de creyentes se reunieron y se desafiaron los unos a los otros a comenzar a trabajar, a ir contra la corriente y a alentar tanto a la comunidad creyente como a la secular a trabajar juntos, que comenzamos a ver verdadero cambio. Después de todo, ¿no es eso lo que hace la sal —se involucra y se mezcla? Los resultados han sido alentadores y nos han presentado un desafío.

El movimiento en Portland se conoce con el nombre de Season of Service (Temporada de Servicio). A través de este esfuerzo en toda la ciudad, iglesias tales como Imago Dei, SouthLake Foursquare, Solid Rock Fellowship, Horizon Community y docenas de otras se han unido a mi hijo Kevin y a nuestro equipo para dirigir iniciativas poderosas en cuanto a hacer participar y servir a la zona metropolitana. En los últimos años, hemos incorporado el trabajo de seiscientas iglesias, veintisiete mil voluntarios y docenas de negocios locales. Usando Jeremías 29:7 como nuestra guía, hemos trabajado juntos para explorar qué es "trabajar para la paz y la prosperidad de la ciudad donde Dios nos envió."

Para la iglesia local, es simplemente compartir el amor de Jesucristo tanto por medio de la palabra hablada como por las obras —rompiendo barreras raciales, económicas y sociales para servir y compartir con los que nos rodean. En una ciudad como Portland, conocida por su posición liberal en casi todos los temas, el impacto ha sido poderoso. Claro que es trabajo duro. No hay duda de que es complejo, y está siempre cambiando y adaptándose. Pero al igual que la sal, la iglesia local se está mezclando con la cultura y activando el cambio. Está haciendo exactamente lo que Jesús la llamó a hacer, y es algo muy bello.

Esta iniciativa, que abarca a toda la comunidad, ha tenido un éxito fantástico. Se ha enfocado en cinco esferas principales de la población: los que no tienen casa, los pobres y los que necesitan comida, los que necesitan atención médica, las escuelas públicas y el medio ambiente. La iglesia ha comenzado a involucrarse en la cultura en una escala masiva. Y el impacto se ha sentido en toda la región.

Las iglesias se están uniendo para ofrecer atención médica a familias necesitadas. Están trabajando directamente con los que gobiernan la ciudad de Portland para aconsejar y guiar a las familias que han perdido sus casas y ofrecerles apoyo. Las iglesias están "adoptando" escuelas públicas, usando sus propios recursos para traer revitalización y aliento a algunas de las zonas más necesitadas del lugar. Y, en una ciudad donde la comunidad cristiana muy pocas veces ha tomado alguna iniciativa, ahora las iglesias se ven como un recurso viable y relevante —una fuerza poderosa para el cambio que dure mucho tiempo. Los líderes de la comunidad buscan la ayuda de la iglesia. Invitan a las iglesias para que ofrezcan su pericia sobre algunos de los problemas más grandes que afectan a la región.

Ha quedado claro —aun en la comunidad liberal de Portland— que la iglesia de Jesucristo tiene algo poderoso que ofrecer. Y en medio de todo eso, estamos compartiendo, sin sentirnos avergonzados, el amor de Jesucristo cuando se presentan las oportunidades.

En los últimos años, se han realizado más de quinientos proyectos de servicio a la comunidad, se han formado cinco coaliciones, sesenta y dos escuelas públicas han sido ayudadas y miles de personas han recibido atención médica gratis. En forma regular se realizan clínicas de ayuda a través de la zona, y jóvenes que tienen posibilidades de descarriarse encuentran apoyo y aliento. Y la comunidad de la iglesia no se está deteniendo con todo esto. En los dos últimos años han dado un paso más adelante, consiguiendo miles de dólares para ayudar a los programas que auspicia el gobierno de la ciudad.

Hasta los a veces antagonistas medios de comunicación no pueden dejar de notar esta obra. El periódico *USA Today* describió la historia de Portland "como un lugar abarrotado de planes auxiliares convencionales que surgen por todos lados. El más notable de todos tal vez sea el que llaman Temporada de Servicio, el cual ha llevado a los evangélicos de la zona a trabajar en colaboración con [los que gobiernan la ciudad]."[16]

Ese programa en especial (Temporada de Servicio) ha recibido elogios de diferentes medios de comunicación como *Religion & Ethics NewsWeekly* en el canal público de televisión PBS. *Reader's Digest* lo incluyó en el ejemplar que publica la lista de "Lo mejor del año 2009." Y aun el periódico local de Portland llamado *Willamette Week* (que es conocido por su frecuente crítica de las iglesias de Portland) no pudo dejar de reconocer que las iglesias "han usado sin reparos sus operaciones evangélicas en la más secular de las ciudades, sin casi recibir quejas."[17]

Esa es la iglesia local operando en amor. Esa es sólo una de las cosas hermosas que puede ofrecer. Y como creyente, usted juega un papel vital. Si tiene a Cristo en su corazón, es parte de esta asamblea, su pueblo, su iglesia.

❖   ❖   ❖

No hay duda de que vivimos en un mundo oscuro y que sufre. Vemos sufrimiento, desgracias, dolor y agonía en forma regular. En un mundo así, la gente busca esperanza. Busca algo en lo que valga la pena poner su confianza.

La Biblia nos enseña que debemos compartir con otras personas la esperanza de gloria. En Mateo 5:14-16, Dios nos insta a que adoptemos una postura firme en cuanto a nuestra fe. Nos dice: "Ustedes son la luz del mundo, como una ciudad en lo alto de una colina que no puede esconderse. Nadie enciende una lámpara y luego la pone debajo de una canasta. En cambio, la coloca en un lugar alto donde ilumina a todos los que están en la casa. De la misma manera, dejen que sus buenas acciones brillen a la vista de todos, para que todos alaben a su Padre celestial."

Para una generación perdida y que está muriendo, nosotros —la iglesia— somos la luz del mundo.

Piense en esto. ¡Usted es la luz del mundo! Qué promesa poderosa. Nosotros —usted y yo— tenemos la clave para vivir la vida, la clave para la felicidad, el gozo, el amor, el perdón y una eternidad con nuestro Señor. Porque "Dios se propuso dar a conocer cuál es la gloriosa riqueza de este misterio entre las naciones, que es Cristo en ustedes, la esperanza de gloria" (Colosenses 1:27, NVI). ¿Se ve a sí mismo en esa luz? ¿Se da cuenta de lo que tiene para ofrecerle a este mundo que sufre? Si la respuesta es sí, ¿qué está haciendo en cuanto a esto? ¿Qué está haciendo para dejar que su luz brille?

¿Qué está haciendo para ser la sal de la tierra? No se requiere mucho —sólo simple obediencia y fe.

Jamás olvidaré el tiempo que pasé en Buenos Aires en el año 2008. Por casi una semana, observé desde mi habitación en el hotel que un festival de enormes proporciones comenzó a aparecer abajo, en la calle. La Avenida 9 de Julio fue una de las más grandes para realizar un festival en la historia de nuestro equipo. Es el boulevard más ancho del mundo y atraviesa el centro de la ciudad. Me fijé en el progreso y oré por los eventos que tendrían lugar en esa importante metrópolis, una ciudad de más de 13 millones de habitantes y hogar para mucha de la gente más poderosa de la Argentina.

A medida que se acercaba la hora en que comenzaría el festival, el bullicio de la ciudad aumentaba y oportunidades evangelísticas únicas se presentaban todos los días. Para mí, el festival era un sueño cumplido —el resultado de mucha oración y años de duro trabajo. Pero para las iglesias de la zona, y para decenas de miles de creyentes, era mucho más. Esta era su oportunidad de hacer una poderosa declaración delante de sus amigos, vecinos, familiares y de toda la ciudad. Era la oportunidad que tenían de compartir a Jesucristo a escala regional, su oportunidad de dejar que su luz brillara delante de los hombres.

Miles de creyentes en la Argentina oraron y participaron en esta experiencia única del festival. Dios los usó poderosamente. Por medio de su colaboración, el Señor reunió a más de novecientos mil individuos en sólo dos días para escuchar las Buenas Noticias en persona. Dios usó el festival para alcanzar a millones más por medio de la radio, la televisión, Internet y la página impresa. Para miles de creyentes, este festival era su "proclamación," su forma de darle luz a un mundo en oscuridad.

Ver a miles de creyentes haciendo brillar su luz ante los hombres, ser parte de un movimiento de Dios tan maravilloso, nos inspira a la vez que nos hace sentir humildes. Cristo en nosotros, la esperanza de gloria. ¡Qué promesa! Sus Buenas Noticias proclamadas a través de la iglesia. ¡Qué privilegio! Entonces, ¿qué es lo que Dios le pide a usted que haga? ¿De qué forma le pide que haga brillar su luz?

No es necesario que usted espere a que un festival evangelístico llegue a su ciudad —tan poderoso como es. No necesita una campaña de Temporada de Servicio para ver una diferencia en su comunidad —tan alentadoras como pueden ser. Todo lo que necesita es estar dispuesto, pedirle al Señor que lo guíe y darse cuenta de que en verdad tiene algo que ofrecerle a un mundo que sufre. Tal vez sean palabras de aliento a un amigo. Tal vez sea dedicarle un poco de tiempo a un vecino. O puede ser el claro Evangelio de Jesucristo compartido con un familiar que está sufriendo. Dejar brillar su luz puede involucrar algo tan pequeño como una conversación. Su momento de compartir a Jesucristo puede presentarse mientras se reúne con su familia y sus amigos, o mientras participa en un esfuerzo de evangelismo de su iglesia.

¿Qué es lo que hará hoy para dejar que su luz brille delante de los hombres? Aun el hecho más pequeño —la acción más humilde— puede tener un impacto en su comunidad, su ciudad, su región, su país y aun en su mundo. Todo lo que María Benítez-Pérez hizo fue estar firme y compartir con sus amigos lo que creía. Y sólo eso cambió el curso de la historia de una nación en América del Sur.

◈   ◈   ◈

Durante los últimos años, yo he tenido el privilegio de ser parte de movimientos bastante sorprendentes de Dios en todo el mundo. Poderosos esfuerzos por alcanzar a los perdidos, como el que se realizó en Buenos Aires. Iniciativas grandes que involucraron a toda una comunidad, como la iniciativa de Portland. Y cada una de ellas comenzó con un momento específico —un punto en el cual un individuo (o un grupo) le entregó totalmente su vida a Jesucristo y comenzó a caminar con un propósito nuevo. Muy pronto otros hicieron lo mismo, se formó una visión y pusieron su fe en acción. Desde ese punto en adelante, se convirtió en un tsunami —una fuerza incontrolable que iluminó algunos de los lugares de más oscuros del mundo. Pero nada de eso hubiera sucedido sin el simple Evangelio de la verdad . . . y la obediencia de una persona al llamado del Señor.

Todo comienza con la elección de seguir a Jesucristo.

16

DE REGRESO
A LA TIERRA PROMETIDA

Una de mis historias favoritas en la Biblia es la de Rut y Noemí. Es una historia de redención, perdón y restauración hermosa, encantadora y honesta. Es un recuerdo de que la vida nunca es demasiado difícil, que nunca es demasiado tarde y que las situaciones nunca son demasiado abrumadoras como para separarnos de nuestro Señor. Para mí mismo, y tal vez para muchos otros, los detalles de este relato son notablemente similares a los de nuestra propia vida. Los nombres han sido cambiados, las ciudades son diferentes y aun algunos de los detalles han sido refinados. Pero cuando la leemos, nos podemos ver a nosotros mismos. Podemos reconocer nuestra lucha; es una historia con la cual nos identificamos.

Si recuerda, la historia se desarrolla así . . .

Sucedió alrededor del año 1140 a.C. El lugar fue Judea (también conocida como la tierra prometida). Era la época en que gobernaban los jueces, y los israelitas vivían en libertad. La vida era buena. Pero en unos pocos años, la situación comenzó a verse muy sombría para muchos que vivían en ese lugar. Una hambruna azotó la tierra, y muy pronto la gente comenzó a pasar hambre. La gente sufría y sentía mucho temor. La economía se puso muy mala, y muchos luchaban para poder poner comida en la mesa para sus familias.

En el pueblo de Belén, un matrimonio —Elimelec y Noemí— y sus dos hijos jóvenes estaban hablando sobre la situación, buscando una solución viable. Elimelec sabía que lo que sucedía era grave. Noemí estaba de acuerdo en que tenían que hacer algo para sobrevivir. Tenían préstamos que pagar. Las cuentas se estaban amontonando, y la comida escaseaba. Pero todas las soluciones parecían inaceptables. Si se quedaban, se morirían de hambre. Si se iban, enfrentarían muchos peligros e incertidumbres. ¿Y adónde podían ir?

Las opciones eran pocas, y ninguna se veía muy bien. Egipto, hacia el sur —el lugar de donde se habían escapado sus antepasados, huyendo de la cautividad sólo unas pocas generaciones antes. O los territorios desconocidos del norte —donde se decía que había gigantes y acechaban muchos peligros. O Moab, hacia el este —el lugar al cual Dios les había dicho que no fueran. Al final, escogieron ir a Moab, el cual parecía el menor de los tres males.

Después de llegar a Moab, Elimelec murió, dejando a

Noemí sola en un país extranjero con dos hijos que criar. Cuando los hijos crecieron, se casaron con mujeres moabitas, apartándose aún más de Dios y de nuevo rompiendo sus reglas. (El Señor les había advertido a los israelitas que no se mezclaran con la gente de Moab, y que no se casaran con personas de otras religiones.) Sus vidas continuaron a ir de mal en peor cuando los dos hijos, al igual que el padre, también murieron. No sabemos las causas de sus muertes, pero dejaron a su madre y a sus respectivas esposas teniendo que valerse por sí mismas. Si no era bastante malo que Noemí viviera en una tierra extranjera, ahora ella se había quedado sola, con dos nueras que cuidar y guiar.

Y así es como el relato se convirtió en la historia de tres viudas —Noemí, Rut y Orfa.

En su angustia, finalmente Noemí recapacitó y se dio cuenta de su error. Escuchó que el hambre había terminado en la tierra de Judá, y aceptando lo lejos que se había alejado de su hogar y de su Dios, Noemí se preparó para realizar el largo viaje de regreso a su tierra natal, junto con las viudas de sus hijos. Pero la tensión era abrumadora. Ahora eran una familia compuesta por judíos y moabitas, la cual tenía dos direcciones diferentes. Cualquiera de las formas en que decidieran ir, alguien dejaría su patrimonio, sus valores —la vida a la que estaba acostumbrada. ¿Debían ir en los caminos del Señor, vivir bajo su protección, volviendo a la antigua vida de Noemí, o debían continuar en los caminos del mundo, con el estilo de vida cómodo que habían tenido en Moab por tantos años?

Finalmente, se tomó la decisión. Debían regresar a Judá. Irían a la tierra prometida —como familia— a una vida dirigida por Dios. Pero eso no era algo simple.

Cuando iban de camino, Noemí se volvió a sus nueras —las mujeres que amaba y en las que confiaba. Con lágrimas en los ojos les dijo que volvieran a Moab. Ella sabía que pedirles que abandonaran su antigua vida era demasiado. No era razonable esperar que ellas vivieran en Judá.

—Regresen —les dijo—. Vuelva cada una a la casa de su madre, y que el Señor las recompense por la bondad que mostraron a sus esposos y a mí. Que el Señor las bendiga con la seguridad de un nuevo matrimonio.

—No —respondieron—. Queremos ir contigo a tu pueblo.

Pero Noemí insistió. Mientras las abrazaba, les dijo:

—¿Por qué habrían de continuar conmigo? ¿Acaso puedo tener más hijos que crezcan y sean sus esposos? No, hijas mías, regresen a la casa de sus padres.

Aparentemente, la lógica de Noemí convenció a Orfa. Ella sabía que el viaje sería difícil, y la atracción de regresar a Moab, su antiguo hogar, fue muy fuerte. No la pudo negar. Besó a Noemí, y se despidieron. Pero Rut se aferró con fuerza a su suegra.

Noemí hizo todo lo que pudo, con lágrimas y sollozos, para convencer a la joven Rut que siguiera a Orfa y regresara a Moab —que volviera a su vida segura y al apoyo y provisión de sus parientes moabitas.

—Mira —le dijo Noemí—, tu cuñada regresó a su pueblo y a sus dioses. Tú deberías hacer lo mismo.

Rut no fue persuadida.

—No me pidas que te deje y regrese a mi pueblo. A donde tú vayas, yo iré; dondequiera que tú vivas, yo viviré. Tu pueblo será mi pueblo, y tu Dios será mi Dios.

Al oír eso, Noemí supo que había perdido la batalla. No podía razonar más con ella. Rut estaba decidida a ir con ella a Judá. Y en lo profundo de su corazón, Noemí estaba contenta.

Cuando regresaron a Belén, la ciudad de la cual Noemí había salido hacía unos diez años, la vida allí todavía era difícil. En aquellos tiempos, y en ese momento, ser viuda no era lo ideal. No había nadie que las protegiera; nadie que las cuidara; y lo peor de todo, no había nadie que proveyera para ellas. Enseguida Rut puso manos a la obra. Encontró un campo que estaba siendo cosechado y pidió que la dejaran recoger espigas allí. No como una trabajadora, ni siquiera como una jornalera. Sino como una mendiga —alguien dispuesta a seguir a los cosechadores y recoger las espigas de grano que quedaban atrás. Y fue allí, en medio de su triste condición, que su redentor la encontró. Su nombre era Booz.

A Booz, que era el dueño de esas tierras, le gustó Rut. Vio algo diferente en ella. Se dio cuenta de que trabajaba muy duro, de que tenía buena actitud, y vio su humilde dedicación al Señor. Vio que era una persona leal y se sintió atraído por su integridad. (No fue algo detrimento el que ella mostrara claramente cuáles eran sus intenciones hacia él.) No obstante, Booz vio algo especial, algo único, en ella. Y salvó a Rut de su situación tan difícil. No sólo a ella, sino también a Noemí, que era pariente de él.

Esas dos mujeres —en una maravillosa manifestación de gracia— encontraron un nuevo comienzo. Encontraron seguridad, aceptación, compasión y redención. Les ofrecieron una vida nueva. ¿Y por qué? Porque regresaron a la tierra prometida. Porque reconocieron sus errores, rectificaron las cosas malas que habían hecho y tuvieron la humildad de pedir ayuda, de pedir una segunda oportunidad. Volvieron a Dios.

Para Rut, fue una nueva experiencia, una nueva comprensión. Para ella esta vida de seguir a Dios èra algo diferente. Pero estaba decidida a seguir en este camino. Se sentía muy entusiasmada y estaba lista. Se entregó por completo. Hizo lo que se requería y esperaba de ella, y sirvió de todo corazón. El resultado fue un nuevo matrimonio, una nueva vida, un nuevo amor y una nueva realidad.

Las bendiciones rebosaron.

Para Noemí, fue un regreso a lo familiar . . . a las bendiciones que una vez había experimentado . . . al Señor del cual se había apartado. Me imagino que su regreso a Judá fue agridulce. El lugar le era familiar. Allí estaban sus parientes. Pero ella se había apartado de ellos. Se había ido de allí en busca de una vida mejor. Y ahora, estaba regresando como una viuda quebrantada, una sombra triste de su vida anterior. En su quebrantamiento encontró redención. A su regreso encontró aceptación, no sólo de sus parientes y amigos, sino de su Señor.

❖   ❖   ❖

No es coincidencia que a lo largo de la historia, a menudo Dios ha usado las épocas de hambre para hacer volver a la gente a él mismo. Él usa los tiempos difíciles para traer renovación, humildad y restauración —para despertarnos, para conmovernos y levantarnos. A menudo tenemos que estar quebrantados antes de estar dispuestos a cambiar. Y eso fue lo que sucedió con Noemí y su familia.

Nosotros también deberíamos poder identificarnos con esta historia. La hemos visto en nuestra vida, entre nuestros parientes o entre nuestros amigos. Nos hemos alejado de nuestra "tierra natal" —del lugar en el cual Dios nos ha colocado— buscando seguridad. Nos olvidamos, pasamos por alto o negamos los fundamentos de nuestra fe. Nos absorbe el deseo de tener éxito. Y nos encontramos perdidos, lejos del Señor y lejos de nuestro verdadero propósito. Todos podemos encontrar algo con que identificarnos en esta historia.

Tal vez usted es como Rut, un "extranjero" para quien esta idea de Dios es algo nuevo. Tal vez ha entregado su vida a Jesucristo. Ha llegado a la "tierra prometida" y vive bajo la protección del Señor. Pero la vida todavía es dura algunas veces. Su trabajo es difícil. Se cansa, aun se siente agotado, y se pregunta si todo eso vale la pena. ¿Es esto por lo que usted vive? ¿Es esto todo lo que realmente hay? ¿Dónde está el gozo? ¿Dónde está la paz? ¿Y dónde está la salida?

Se le recuerda su pecado todos los días. Los errores pasados se le echan en cara a cada momento. Satanás y sus seguidores tienen el trabajo de tiempo completo de distraerlo, confundirlo, ponerle tentaciones en su camino y desafiarlo.

¡Fíjese en Rut! Confíe en que la realidad de ella es la suya propia. Usted tiene un dueño —el que es propietario de todo el ganado en miles de montañas—, el que ya lo ha comprado por precio. (¡Él dio a su Hijo único por usted!) No lo olvide. No se aparte de él. Aprenda de la vida de otras personas, y permanezca firme bajo su protección y su guía. Apóyese en Dios, búsquelo y concéntrese solamente en él. Que su oración sea similar a la de Rut: "A donde tú vayas, Señor, yo iré; dondequiera que tú vivas, Señor, yo viviré." Con Jesucristo como su brújula, nunca lo va a lamentar. Con el Espíritu Santo como su guía, a medida que escucha y obedece, siempre estará en su voluntad.

Tal vez usted se identifique más con Noemí —o aun con su esposo, Elimelec. Ambos eran seguidores fieles del único Dios verdadero. Pero si recuerda, Noemí y Elimelec abandonaron la tierra prometida cuando las cosas se pusieron difíciles. Se apartaron de Dios y confiaron en su propia sabiduría cuando la situación se puso problemática. Sabían que iba adonde no deberían ir. Sabían que estaban desobedeciendo a Dios. Pero igual fueron. Después de todo, les hacía sentido. Se sentía "bien" en aquel momento.

¿Le suena familiar? ¿Describe su pasado . . . o tal vez su presente? Usted sabía que no se debía de haber casado con esa persona, pero igual se casó. Usted sabía que no debía de haber tratado a esa persona de esa forma, pero lo hizo de todos modos. Usted sabía que debía de haber perdonado, pero igual guardó rencor. Sabía que debía de haber permanecido en la Palabra, pero de todas formas se apartó. Se sintió cansado, la vida se le hizo difícil y usted tomó las cosas en sus manos. Se sintió cómodo e hizo algo malo y usted lo sabía. Es por eso que el rey más sabio que jamás haya vivido, el rey Salomón, nos da la siguiente instrucción en el libro de Proverbios: "Confía en el Señor con todo tu corazón, no dependas de tu propio entendimiento. Busca su voluntad en todo lo que hagas, y él te mostrará cuál camino tomar" (Proverbios 3:5-6). Noemí y Elimelec deberían de haber seguido ese consejo. Pero recordemos que Dios es bueno y él cambió todo el episodio en un resultado glorioso y triunfante.

Al igual que Noemí y Elimelec, tendemos a desesperarnos cuando nuestra vida nos lleva por caminos dolorosos. Nos despertamos un día y nos encontramos en territorio desconocido, lejos de Dios y completamente por nuestra cuenta. Y entonces comenzamos a preguntarnos si es demasiado tarde para volver atrás.

A veces la vida puede ser difícil. Es un hecho —una realidad. La Biblia nos dice que en el mundo tendremos aflicción (Juan 16:33). Pero el Señor ha prometido tomar el "polvo" de nuestra vida y convertirlo en algo hermoso. Noemí es un ejemplo de esa realidad, y también lo es Rut.

Dios puede convertir, y convertirá, su tragedia en victoria . . . si usted se lo deja hacer. Pero debe dejar que él intervenga. Al igual que Rut y Noemí, usted tiene que ir a él. Tiene que poner su situación en las manos de Dios. Tiene que confiar en que él hará una obra milagrosa.

¿Tiene usted "polvo" que quisiera poder sacar de su vida? ¿Existen todavía algunas esferas en su vida que no puede resolver o controlar? ¿Todavía se pregunta en cuanto a su llamado en la vida? Mi papá sabía cuál era su llamado. Él sabía quién era y su convicción era firme, y eso se reflejó en su vida y en su muerte.

Finalmente, y en forma profunda, yo llegué a conocer esa misma fe revolucionaria cuando tenía veintiséis años de edad. Pero ¿puede usted decir lo mismo? ¿Sabe realmente cuál es su propósito en la vida? ¿Puede decirme por qué está aquí en la tierra? ¿O está despierto de noche, en la cama, preocupado por las finanzas, sus hijos, su seguro de vida, los pagos de su hipoteca y su matrimonio? ¿Se pregunta de qué se trata todo eso, cómo va a terminar y si todo eso valdrá la pena?

Desde su perspectiva, ¿ve tragedia o victoria? ¿Ve polvo o belleza?

❖   ❖   ❖

Su prioridad número uno es darle honor y gloria a Dios. Eso es lo único que debería dictar la forma en que vive la vida, cómo trata a otras personas, cómo ama a sus hijos y la forma en que trata a su cónyuge. Debería ser lo que dicta cómo trabaja, cómo se divierte y cómo ama. Su relación con Dios debería tener —y tendrá— un impacto directo en su vida. Así que, ¿es así cómo marcha su vida?

En los últimos capítulos he compartido con usted mis propias luchas —las lecciones que aprendí cuando he buscado la dirección y la fortaleza del Señor en mi propia vida, a medida que buscaba una relación más íntima con él. Usted ha escuchado historias de personas en todo el mundo que han experimentado el mismo poder que cambia la vida. Y ha sido desafiado por la realidad de lo que realmente Dios tiene para ofrecer a cada uno de nosotros.

Pero a esta altura se da cuenta de que —desde el día en que le entregó su vida a Jesucristo— tiene al Espíritu Santo viviendo en usted. Él le da el poder para hacer lo correcto. Eso es exactamente lo que nuestro Señor Jesucristo nos prometió.

Pero tiene que hacer suya esa promesa. Tiene que aceptarla por sí mismo, todos los días. Tiene que confiar en él y recibirla.

Dios quiere sanarlo —espiritual, emocional y físicamente. Él quiere redimirlo y llenarlo con su Espíritu Santo, para que tenga conocimiento y poder. Él quiere que usted se sienta libre de la culpa y del dolor, y quiere establecer la verdadera autoridad en su vida. Quiere darle un propósito nuevo. Quiere ofrecerle completa seguridad y rodearlo de una familia amorosa. Y quiere rescatarlo de las luchas de la vida en este mundo caído y a veces muy complicado.

Para decirlo con claridad, el Señor quiere revolucionar su vida. Y lo único que se interpone es usted. Usted tiene que dejar que él entre a su vida. Tiene que dejar que dirija su camino. Tiene que dejar de lado sus propios planes —su propia visión para su vida— y recurrir a él para que lo guíe y le dé fortaleza.

En un mundo en el cual el cristianismo es visto sólo como

un camino más hacia Dios, usted sabe que las afirmaciones de Cristo son diferentes. Él es único. Su mensaje tiene el poder de cambiar a individuos, comunidades, ciudades y naciones. El Señor es el Dios de la salvación —no sólo la salvación eterna de nuestra alma, sino de nuestra vida completa. Y usted puede experimentar esa realidad eterna hoy, ¡aquí mismo y ahora!

Dios es un Dios de amor. Usted lo sabe muy bien. Es un Dios lleno de gracia que lo persigue. Pero ¿está usted preparado para encontrarse con él, tener una experiencia con él y ver su obra milagrosa en su vida? ¿Está su corazón en el lugar correcto? ¿Está dispuesto a confiar verdaderamente —a sacrificarse— todos los días de su vida? ¿Está conectado a la fuente de poder correcta? ¿Confía en su Palabra? ¿Está conectado con los que siguen a Dios? ¿Confía en él en todo? ¿Está dispuesto a dejar de lado su vida, sus deseos y sus temores para poder seguirlo, aprender de él, adorarlo y honrarlo?

Le pido a Dios que así sea. Oro que un temor nuevo se apodere de su corazón. No un temor que lo paralice, sino un temor que lo impulse a la acción. Un temor del Todopoderoso; un temor del Salvador; un temor que lo transforme y lo quebrante; un temor que lo eleve. Oro para que su corazón cambie. Mi oración es que Dios lo use para cambiar el mundo radicalmente y para hacer un mundo mejor. Y creo que lo va a hacer. Es lo que promete en Ezequiel 36:25-29.

Señor, ayúdanos a cada uno a ver tu voluntad. Ayúdanos a escuchar tu voz. Ayúdanos a vivir en tus fuerzas. Danos tus ojos; muéstranos tu amor. Haz que seamos abiertos a tu mundo para que te traigamos alegría.

Señor, levántanos del basurero y colócanos entre príncipes —no para *nuestra* gloria, sino para darte gloria a ti. Ayúdanos a vivir vidas revolucionarias que estén llenas de ti y de tus fuerzas para que tu luz brille entre las naciones.

◈　◈　◈

Algún día su historia terminará. Algún día usted estará delante de Dios para rendir cuentas de su vida. Al final, las únicas cosas que quedarán son las que usted ha hecho para la eternidad. El Señor le está hablando a usted hoy. ¡Respóndale! Deje que Dios lo use, para que cuando llegue al final de la carrera pueda verdaderamente decir: "He peleado la buena batalla, he terminado la carrera y he permanecido fiel. Ahora me espera el premio, la corona de justicia que el Señor, el Juez justo, me dará el día de su regreso; y el premio no es sólo para mí, sino para todos los que esperan con anhelo su venida" (2 Timoteo 4:7-8).

Usted no tiene que esperar hasta que esté en el cielo para disfrutar de una vida maravillosa y revolucionaria. No tiene que preguntarse si su vida de verdad está honrando a Dios o trayéndole gloria. ¡Lo puede saber! Usted puede tener una vida revolucionaria hoy, aquí y ahora. Es real, es tangible y es fantástica. Lo único que tiene que hacer es confiar en Dios y obedecerlo. Viva por su Palabra, y no la suya propia. Y espere grandes cosas.

"Esto lo hacemos al fijar la mirada en Jesús, el campeón que inicia y perfecciona nuestra fe. Debido al gozo que le esperaba, Jesús soportó la cruz, sin importarle la vergüenza que esta representaba. Ahora está sentado en el lugar de honor, junto al trono de Dios. Piensen en [esto] . . . así no se cansarán ni se darán por vencidos" (Hebreos 12:2-3).

Todo esto se refiere a Jesús —el autor y quien perfecciona nuestra fe. Él es nuestra fuerza, nuestro ejemplo. Él es el poder que nos sustenta, y está listo y esperando para hacer cosas maravillosas en usted.

Epílogo

CUANDO LLEGAMOS
AL FINAL DE LA CUERDA

CORRÍA EL AÑO 1960 y faltaban pocos días para las vacaciones de Navidad. Yo estaba esperando que llegaran, haciendo lo mejor posible para estar centrado en mis estudios, pero sabía muy bien que tenía la mente en otras cosas. Tenía veintiséis años de edad, y acababa de conocer a una bella joven llamada Patricia, y yo estaba en el proceso de hacerme ciudadano estadounidense. Se me estaba abriendo muchas oportunidades en la vida. Mi futuro parecía abierto de par en par, y yo me sentía muy entusiasmado.

Fue un miércoles de mañana —el día de asistir a la capilla—, y aunque tenía la mente en otros lugares y otras cosas, la asistencia era obligatoria.

Entré al auditorio al último segundo posible y busqué un lugar en la parte de atrás, donde los alumnos no muy estelares jugaban al ajedrez o leían libros en lugar de escuchar al orador. Me senté en una silla y comencé a pensar en todo lo que había planeado para las vacaciones de Navidad. Pero cuando el orador subió al estrado, me llamó la atención su marcado acento británico y su manera de hablar: directa y con voz entrecortada. Y cuando señaló con un dedo, me di cuenta de que le faltaba parte del dedo. De pronto sentí que se me despertaba el interés.

El orador era el Comandante Ian Thomas, fundador y director general de un ministerio llamado Torchbearers (Portadores de Antorcha). Yo no lo conocía, pero me sentí muy intrigado. Y aunque su mensaje fue corto —no más de veinte minutos—, absorbí cada palabra como si fuera de oro.

El tema del Comandante Thomas aquella mañana de invierno estaba basado en Éxodo 3 —Moisés y la zarza ardiendo. La enseñanza de su mensaje fue simple pero realmente revolucionaria para mí en aquel tiempo. Fue una lección que le había llevado a Moisés cuarenta largos años en el desierto para descubrirla: *Él no era nada, y Dios era todo.* Fue una lección que yo también tenía que aprender.

El mensaje se desarrolló de manera hermosa, y jamás olvidaré la frase clave del Comandante: "Cualquier arbusto sirve, siempre que Dios esté en ese arbusto."

"Lo que Dios estaba tratando de decirle a Moisés," explicó el Comandante Thomas, señalando con su dedo cortado a los estudiantes, "es que no necesito un arbusto bonito o un arbusto educado ni un arbusto elocuente, siempre y cuando yo esté en el arbusto. Si yo los voy a usar a ustedes, los voy a usar. No se trata de que ustedes hagan algo por mí, sino de que yo haga algo a través de ustedes."

Continuó explicando la escena: "Es probable que el arbusto ardiendo en el desierto fuera sólo unos cuantos palitos secos y feos que casi no se desarrollaron, y sin embargo, Moisés se tuvo que sacar las sandalias. ¿Por qué? Porque era tierra santa. ¿Por qué? ¡Porque Dios estaba en el arbusto!".

Sentado en aquel auditorio frío y con olor a humedad, me di cuenta de que yo era esa clase de arbusto: una cantidad de palitos secos. No podía hacer nada para Dios. Todo lo que había leído y estudiado, y todas las preguntas que había formulado, y el tratar de modelar mi vida según la vida de otras personas no valía nada. Todas las cosas en mi ministerio eran sin valor alguno —*a menos que Dios estuviera en el arbusto.* Sólo él podía hacer que algo sucediera. Sólo él podía lograr que diera resultado.

El Comandante Thomas continuó hablándonos de muchos obreros cristianos que al principio habían fracasado porque creían que tenían algo que ofrecerle a Dios. Una vez él mismo había pensado de esa forma, que Dios lo podía usar porque era una persona agresiva y encantadora, y era evangelista. Pero Dios no lo usó hasta que él llegó al final de la cuerda.

Y allí estaba yo, con lágrimas en los ojos, pensando: *Esa es mi situación exacta. Estoy al final de la cuerda.*

Cuando el Comandante cerró su mensaje citando Gálatas 2:20, todo se me aclaró: "Mi antiguo yo ha sido crucificado con Cristo. Ya no vivo yo, sino que Cristo vive en mí. Así que vivo en este cuerpo terrenal confiando en el Hijo de Dios, quien me amó y se entregó a sí mismo por mí."

Corrí a mi cuarto llorando; ya no estaba pensando en los planes para la vacación de Navidad. Caí de rodillas al costado de mi litera, y oré: "Señor, ahora me doy cuenta. Veo la luz al final del túnel. Esto no se trata de mí, sino de Cristo en mí. No es lo que yo voy a hacer por ti, sino lo que tú vas a hacer a través de mí."

Quedé de rodillas hasta la hora del almuerzo, una hora y media después, y no asistí a mi siguiente clase para estar en comunión con el Señor. Me di cuenta de que la razón por la cual yo me detestaba por dentro era porque, en forma equivocada, me amaba por fuera. Le pedí a Dios que me perdonara por mi orgullo al pensar que estaba un paso más adelante que mis compatriotas porque tenía una buena educación y hablaba el idioma inglés con fluidez; porque había trabajado en un banco y hablado en una estación de radio, en una carpa y en iglesias; y porque había podido ir a los Estados Unidos y codearme con pastores, profesores de seminarios y otros líderes cristianos. Me creía importante, pero Dios no estaba en el arbusto. Yo no le había dado a Dios la oportunidad.

Aquel día marcó el momento intelectual crucial en mi vida espiritual. El poner en práctica mi descubrimiento sería un proceso largo y doloroso, pero por lo menos me había dado cuenta de lo que tenía que hacer. No puedo describir el entusiasmo que sentí. Podía apoyarme y descansar en Jesús.

Él iba a hacer el trabajo a través de mí. ¡Qué paz tuve al saber que podía dejar de luchar!

Muchos seguidores de Cristo creen que si trabajan lo suficiente y logran orar lo suficiente, tendrán éxito. En Gálatas 3:3 Pablo lo explica claramente: "Después de haber comenzado a vivir la vida cristiana en el Espírtu, ¿por qué ahora tratan de ser perfectos mediante sus propios esfuerzos?". Tan sinceros como puedan ser esos creyentes, van directo a un terrible fracaso.

Eso fue lo que le pasó a Moisés cuando mató al egipcio que había maltratado a un esclavo hebreo. Fue sincero en cuanto a sus intenciones, pero confiaba en su propio poder, en las armas de la carne.

Y esa era mi situación cuando fui a los Estados Unidos para continuar mis estudios bíblicos. Tenía sueños grandes que quería que se cumplieran con rapidez. Mi impaciencia me llevó a confiar en mi propio poder, no en el poder del Señor.

Desde aquella mañana invernal en Multnomah School of the Bible, que ahora se llama Multnomah University, Gálatas 2:20 ha sido un versículo revolucionario en mi vida. He aprendido que esto es el corazón de la vida cristiana —porque la base del cristianismo es la cruz y la resurrección de Jesucristo. El hecho sorprendente es que Jesús vive dentro del creyente y que los dos llegan a ser un espíritu. El apóstol Pablo lo describe así: "Este mensaje se mantuvo en secreto durante siglos y generaciones, pero ahora se dio a conocer al pueblo de Dios. Pues él quería que su pueblo supiera que las riquezas y la gloria de Cristo también son para ustedes, los gentiles. Y el secreto es:

Cristo vive en ustedes. Eso les da la seguridad de que participarán de su gloria" (Colosenses 1:26-27).

Jesús anunció primero esta relación en su oración sumo sacerdotal en el aposento alto (vea Juan 17). Él oró en forma específica que la unidad entre los creyentes fuera una figura de la unidad entre él y Dios el Padre. "Te pido que todos sean uno, así como tú y yo somos uno, es decir, como tú estás en mí, Padre, y yo estoy en ti. Y que ellos estén en nosotros, para que el mundo crea que tú me enviaste. Les he dado la gloria que tú me diste, para que sean uno, como nosotros somos uno. Yo estoy en ellos, y tú estás en mí" (Juan 17:20-23).

Muchos creyentes no experimentan lo maravillosa que es la vida cristiana porque no han entendido que Jesucristo literalmente vive dentro de ellos —un hecho que no podrían cambiar aunque quisieran.

Durante mi adolescencia y en la primera parte de la década de mis veinte años, aunque creía en Cristo, no me di cuenta de esta verdad. Luchaba para obedecer a Jesús. Trataba de llevar fruto para la gloria de Dios, pero no entendía que no tenía que hacerlo yo solo.

◈　　◈　　◈

Al describir la forma en que los creyentes deben vivir en Cristo, el Señor Jesús usó una imagen vívida. "Yo soy la vid verdadera, y mi Padre es el labrador. Él corta de mí toda rama que no produce fruto y poda las ramas que sí dan fruto, para que den aún más. Ustedes ya han sido podados y purificados por el mensaje que les di. Permanezcan en mí, y yo permaneceré en ustedes. Pues una rama no puede producir fruto si la cortan de la vid, y ustedes tampoco pueden ser fructíferos a menos que permanezcan en mí" (Juan 15:1-4). Permanecer en Cristo es obedecerlo con alegría y reconocerlo como Señor. Cuando yo era niño, recuerdo que mi pastor decía que debemos vivir en un estado de "constante comunión consciente." Los creyentes debemos apreciar a Cristo por quién él es, y si no lo hacemos, nuestra relación con él sufrirá —de la misma manera que nuestro matrimonio y nuestras amistades sufrirán si no apreciamos a las personas como debemos. Debemos estar en contacto con Cristo en amor y adorarlo en obediencia. Debemos elegir estar a su lado. Debemos seguirlo.

Dejando de lado la apatía.

Dejando de lado una vida sin fervor.

Cristo en nosotros, la esperanza de gloria.

Transformado por la fe
Guía de estudio

Capítulo 1—Espere más

1. ¿Qué es lo que significa ser verdaderamente transformado por Cristo? Comparta lo que piensa en cuanto a la transformación radical que tomó lugar en la vida de Brandy después de que ella le entregó su vida a Jesucristo.
2. ¿De qué forma se convierte una persona en un "creyente cómodo"? Hablen sobre cómo esa clase de vida contrasta con la aventura de fe en Dios que fuimos creados para vivir.
3. Cada vez que abandonamos la fe, todos tenemos momentos de desesperación y períodos de apatía. Comparta una experiencia en la cual pudo superar esos momentos y reconoció que fue creado para mucho más que eso.
4. ¿Cuáles son las esferas de incredulidad con las cuales está luchando hoy? ¿De qué formas específicas puede orar pidiendo la fortaleza que necesita para poner toda su fe en Dios?
5. Hablen sobre el impacto espiritual de vivir un tipo de fe "dominguero."

Capítulo 2—"Conócete a ti mismo"

1. ¿Qué es lo que significa conocerse a uno mismo? ¿De qué forma ha cambiado la forma en que se conoce a sí mismo a través del tiempo?
2. ¿Por qué es tan importante que sepa cuál es su propósito y su valor? ¿Qué es lo que significan estas palabras para un creyente? ¿Qué podrían significar para un ateo?

3. ¿Qué significa decir que usted cree en Dios, y qué efecto tiene esa creencia en su vida diaria? Si no cree en Dios, ¿qué significa eso para usted?

4. Dé algunos ejemplos de la forma en que nuestra sociedad ha tratado de adaptar y censurar a Dios según sus propios gustos, enfatizando las enseñanzas que nos gustan y dejando de lado todo lo demás.

5. ¿Cuál es "el cuadro total" de su vida? ¿Cómo puede el enfocarse en el cuadro total ayudarlo a bregar con los altibajos de la vida? Explique su respuesta.

Capítulo 3—Muchísimo mejor

1. ¿Qué es lo que le llama la atención acerca de la forma en que el padre de Luis pasó sus últimos momentos en la tierra?

2. ¿Cuál es la diferencia clave entre la forma en que un creyente en Cristo ve la muerte y la forma en que la ve uno que no cree?

3. Explique lo que significa para usted la declaración: "La solución para la muerte es la vida."

4. ¿Qué es lo que puede hacer para asegurarse de que su vida tenga significado y para vivirla lo mejor posible hasta el día en que sea llamado a su hogar en el cielo?

Capítulo 4—Feliz y bendecido

1. ¿Cuáles son las acciones y las actitudes que se requieren para vivir una vida revolucionaria como la del padre de Luis? ¿Qué es lo que le impide vivir su vida con una fe totalmente revolucionaria hoy?

2. ¿Qué clase de cambios necesitaría hacer usted para poner a Dios primero en su vida?

3. Comparta algunas esferas en las cuales ha sentido que Cristo lo llamaba a actuar con fe. ¿Cuál es el costo de que su vida tome una nueva dirección hacia Jesús?

Capítulo 5—Monstruos de depravación

1. Antes de leer este capítulo, ¿creía usted que los seres humanos eran en esencia buenos o depravados por naturaleza? Considere

el comentario de Luis sobre Jeremías 17:9 y Romanos 3:23; ¿en qué forma ha cambiado su respuesta?

2. ¿Qué es lo que se encuentra en el centro del sentimiento de culpa que no ha sido resuelto? ¿Hay diferencia entre culpa y vergüenza? Explique su respuesta.

3. ¿Cuál es la diferencia entre la forma en que los creyentes ven su culpa y la forma en que tal vez la vean los no creyentes?

4. ¿Cuál es la promesa de Dios para aquellos que están luchando con el peso del pecado y la culpa?

5. ¿De qué maneras es diferente la capacidad divina de Cristo de perdonar y el perdón que otorgan los seres humanos? ¿Por qué el perdón de Cristo nos libera totalmente de la culpa?

Capítulo 6—El lugar donde de verdad se encuentra su autoridad

1. ¿Lo han desafiado alguna vez para que pruebe la veracidad y la autoridad de la Biblia? ¿En qué forma respondió usted?

2. Si para usted la Biblia es la verdadera guía de Dios para vivir, ¿cómo enfoca los desafíos y las luchas diarias en su vida? Explíquelo.

3. Comparta un ejemplo de la forma en que su punto de vista sobre la Palabra de Dios y su comprensión de las Escrituras han tenido un impacto directo en su vida.

4. Piense en la última vez que escudriñó la Biblia con entusiasmo y fervor. ¿Qué es lo que puede hacer para continuar gozándose en todo lo que la Palabra de Dios tiene para ofrecer?

Capítulo 7—Corona en vez del polvo

1. Comparta su reacción a la increíble transformación que tuvo lugar en la vida de Ingrid cuando eligió poner su fe en las manos de Dios. ¿Qué es lo que puede aprender de la historia de ella?

2. ¿Cuál es su propia historia de fe? ¿De qué forma su relación con Dios ha transformado su vida?

3. ¿Qué situación difícil está atravesando hoy que Dios podría usar para su gloria? ¿Hay algo que le impide tomar la decisión de superar el dolor de esas circunstancias?

Capítulo 8—Lo que dice la Biblia acerca de usted

1. ¿Cuáles son algunas de las instrucciones de Dios que encuentra más difíciles de implementar en su vida? ¿Por qué cree que le resultan difíciles? ¿Qué es lo que podría hacer para aceptar la dirección de Dios en su vida en lugar de tratar de refutarla o huir de ella?

2. La Biblia es la carta personal del amor de Dios para usted. Explique lo que esto significa para su vida.

3. ¿Por qué cree que Dios inculcó en cada uno de nosotros un deseo innato de ser aceptados y amados por nuestros padres? ¿Qué dice esto acerca de la relación que Dios quiere tener con nosotros?

4. ¿Cómo puede hacer que su relación con su Padre celestial sea más real? ¿Cómo puede pasar de simplemente *saber* acerca del amor de Dios a realmente experimentarlo y disfrutarlo?

Capítulo 9—La imagen de Dios

1. ¿Cuál es la diferencia entre cuerpo, alma y espíritu? ¿Cómo sería su vida si su cuerpo y su alma fueran las únicas partes de la ecuación?

2. "El espíritu humano es lo que nos separa del resto de la creación. Es lo que nos hace únicos." Comparta algunas de las cosas que lo hacen un ser único.

3. Use la analogía de Luis sobre la bombilla de luz para explicar por qué es tan importante confiar plenamente en Dios como nuestra fuente de poder. ¿Cuál es la diferencia en nuestra vida si estamos "conectados" o si no lo estamos?

Capítulo 10—Emanuel: Dios con nosotros

1. ¿Por qué cree que vacilamos en cuanto a darle a Dios el control total de nuestra vida, aun cuando sabemos que él conoce nuestros problemas mejor que nosotros mismos?

2. ¿Cuáles son algunas esferas de su vida que todavía está tratando de controlar? ¿Qué puede hacer para entregarle esas esferas a Dios, quien sabe exactamente la forma de arreglar todas las cosas?

3. "La fe es practicar lo que creemos. La fe debe ejercitarse para que pueda crecer." ¿Cuáles son algunas formas de hacer en forma intencional que su fe crezca?

4. Comparta sus pensamientos acerca de por qué mucha gente dice que es creyente, pero todavía lucha con la autoridad de Cristo.

Capítulo 11—Una nueva clase de rebelde

1. Compare el fervor de Rosario cuando era una revolucionaria que seguía al Che Guevara con su completa devoción a Jesucristo hoy. ¿Cómo cambió su sentido de propósito?

2. Explique cómo se puede ver una vida de fe revolucionaria. ¿Qué clase de impacto tendría usted en los que lo rodean?

3. Cuando la gente acepta por primera vez la presencia transformadora de Cristo en su vida, a menudo está emocionada. ¿Cómo pueden estar seguros los creyentes de que estos sentimientos espirituales elevados no se disipan? Use ejemplos de las vidas de Rosario y Raúl para explicar su respuesta.

4. Reflexione en Marcos 8:34. ¿Qué es lo que puede impedirle hoy vivir realmente el propósito que Dios tiene para su vida?

Capítulo 12—Embajador de Dios

1. ¿Qué quiere decir ser embajador? ¿Cuál es el propósito de los embajadores, y qué clase de relación tienen con sus líderes?

2. ¿Qué es lo que quiere decir ser embajador de Jesucristo? ¿Qué mensaje le ha dado él a usted como uno de sus embajadores?

3. Haga una lista de algunas de las cosas que lo hacen sentir más realizado en la vida. ¿Cuáles de ellas tienen valor eterno?

4. Comparta lo que significan para usted las palabras de Jesús en Juan 10:28-29. ¿Cómo se compara lo que el mundo tiene para ofrecer con la promesa de Jesús de vida eterna?

Capítulo 13—Terapia de grupo

1. ¿Por qué cree usted que Dios creó a los seres humanos para que fueran tan orientados a vivir en comunidad? De todos los grupos sociales a los que usted pertenece, ¿cuál de ellos le proporciona más amor y aceptación?

2. Describa la forma en que su iglesia ha ejercido influencia en su vida en las esferas de crecimiento espiritual, rendir cuentas, proporcionarle enseñanza y guía, y en cuanto a sus relaciones. Si usted no pertenece a una iglesia, comparta sus pensamientos sobre la ventaja de una comunidad de creyentes en la vida de una persona.

3. ¿Qué consejo o guía podría ofrecerle a alguien que ha sido desilusionado o herido en una iglesia?

4. ¿Cuáles son los factores más importantes que se deben considerar cuando está buscando una iglesia? ¿Por qué es tan importante tener una comprensión clara de la posición de las doctrinas de una iglesia?

Capítulo 14—Más que conocimiento

1. ¿Cuál es la conexión entre la fe y la acción? Teniendo presente lo que dice Santiago 2:19, ¿podemos experimentar el poder transformador de Cristo sólo con la fe? Explique su respuesta.

2. ¿Cuáles son algunas esferas de su vida espiritual en las cuales sabe exactamente lo que debe hacer, pero en las que todavía lucha para poner en práctica su fe?

3. En el contexto de este capítulo, ¿qué es lo que quiere decir la palabra *revolucionario*? ¿Cómo puede tratar de obtener una fe en Dios más revolucionaria?

4. Hebreos 12:1-2 nos desafía para correr con perseverancia la carrera que tenemos por delante, quitándonos el peso que nos impide correr. ¿Qué cargas, temores o inseguridades le están impidiendo correr hoy?

Capítulo 15—Construyendo una ciudad

1. "La conversión lleva a la acción social más grande." ¿Qué significa esta declaración? Para apoyar su respuesta dé ejemplos de su propia experiencia o de las historias que Luis comparte en este capítulo.

2. En sus propias palabras, describa la analogía de la sal que usa Luis para describir el impacto de la iglesia en la sociedad.

3. ¿Cómo ve que la iglesia esté respondiendo al llamado de Dios en Mateo 5:14-16 para que seamos la luz del mundo? ¿De qué

forma se podría beneficiar su ciudad si su iglesia se involucrara
para cumplir este llamado?

Capítulo 16—De regreso a la tierra prometida

1. ¿Qué le sucedió a Elimelec cuando desobedeció a Dios y se fue
   de la tierra prometida?
2. Para Rut, ¿cuál cree usted que fue la parte más difícil en cuanto
   a decidir ir a Judá y hacer el viaje con Noemí? ¿Por qué cree
   que Rut decidió dejar su tierra natal?
3. ¿De qué forma la historia de Noemí y Rut ilustra la promesa
   de Jesús de traer corona en lugar del polvo?
4. ¿Cuáles son algunas esferas de su vida en las que no puede
   resolver qué debe hacer o que no puede controlar? ¿En qué
   forma puede orarle a Dios para que lo redima de la misma
   forma en que redimió a Noemí y a Rut?
5. ¿De qué formas se está interponiendo usted en lo que respecta
   al deseo de Dios de revolucionar su vida?

Acerca de los autores

Luis Palau

Por más de cincuenta años, Luis Palau ha sido un orador poderoso a favor de la relevancia, realidad y significado de la espiritualidad de toda la gente alrededor del mundo. Su trabajo de orador, maestro, autor y líder espiritual lo ha llevado a más de setenta naciones, y sus campañas le han permitido presentar en forma clara a Cristo a más de mil millones de personas alrededor del mundo por medio de la televisión, la radio, la página impresa y los eventos en vivo.

Luis es conocido como uno de los defensores principales del cristianismo por su posición firme en asuntos de fe y en la importancia de una vida espiritual sana y fuerte siguiendo las enseñanzas de la Biblia. Es muy respetado alrededor del mundo, y especialmente en América Latina, donde pasó mucho de su ministerio. Muchos consideran a Luis como el líder espiritual más influyente de los últimos cuarenta años en América Central y en América del Sur.

Ha escrito más de cuarenta libros, es anfitrión de tres programas radiales internacionales y dirige la Asociación Evangelística Luis Palau. Ha dedicado su vida y carrera a presentar a Jesucristo a tanta gente como le ha sido posible.

JAY FORDICE

Jay Fordice es escritor y es un miembro clave del equipo de la Asociación Evangelística Luis Palau. Ha servido en el equipo de planeamiento de la Asociación desde el año 2003, trabajando en comunicaciones con los donantes. Durante los últimos años, Jay también ha trabajado con Luis Palau en muchos artículos y libros.

Antes de unirse a la Asociación Evangelística Luis Palau, Jay trabajó como director de comunicaciones y coordinador de equipos para la mundialmente famosa radio HCJB en Quito, Ecuador.

Jay y su esposa, Michele, viven en Portland, Oregón, con sus dos hijos, Carter y Elliot.

Notas

1 Marcos 9:17, 22 (itálicas añadidas).

2 Marcos 9:23.

3 Marcos 9:24 (itálicas añadidas).

4 Frank Newport, "This Christmas, 78 Percent of Americans Identify as Christian [Esta Navidad, 78 por ciento de los estadounidenses dijeron ser creyentes]," 24 de diciembre, 2009; http://www.gallup.com/poll/124793/this-christmas-78-americans-identify-christian.aspx.

5 Filipenses 1:23.

6 Jeffrey Meyers, *Somerset Maugham: A Life* [La vida de Somerset Maugham] (New York: Vintage, 2004), 347.

7 Jean-Paul Sartre, *Being and Nothingness* (París: Gallimard, 1943). Publicado en español como *El ser y la nada*.

8 Itálicas añadidas.

9 Corrie ten Boom, *Tramp for the Lord* [Mensajera del Señor] (New York: Jove, 1978), 53.

10 G. K. Chesterton, *Orthodoxy* (New York: John Lane, 1909), 9. Publicado en español como *Ortodoxia*.

11 Josh McDowell, *Evidence That Demands a Verdict*, vol. 1 (San Bernardino, CA: Here's Life, 1972, 1979), 40–48. Publicado en español como *Evidencia que exige un veredicto*.

12 "Still Munching Candy [Todavía comiendo caramelos]," *Parade* (11 de febrero, 1962).

13 "Nikita Khrushchev: Time's Man of the Year [Nikita Khrushchev: Hombre del año de la revista Time]," *Time* (6 de enero, 1958); http://www.time.com/time/subscriber/personoftheyear/archive/stories/1957.html.

14 "Memorizing and Meditating on the Word of God: Introduction [Memorizando y meditando en la Palabra de Dios: Introducción]," http://www.preceptaustin.org/Memorizing_His_Word.htm.

15 León Tolstoi, *My Religion*, traducción de Huntington Smith (La Mesa, AZ: Scriptoria Books, 2009), xiii. Publicado en español como *Mi religión*.

16 Tom Krattenmaker, "Jesus' Favorite City [La ciudad favorita de Jesús]," *USA Today* (20 de julio, 2009); http://tomkrattenmaker.com/?p=252.

17 Aaron Mesh, "Undercover Jesus [El Jesús que a veces no vemos]," *Willamette Week* (20 de mayo, 2009); http://wweek.com/editorial/3528/12567.